"音乐下午茶"·橄榄古典音乐

Ganlan CLASSICAL MUSIC

今天听什么贝多芬

橄榄古典音乐　编著

人民音乐出版社·北京

PEOPLE'S MUSIC PUBLISHING HOUSE　BEIJING

JINTIAN, TING SHENME BEIDUOFEN

图书在版编目（CIP）数据

今天，听什么贝多芬 / 橄榄古典音乐编著 . -- 北京 : 人民音乐出版社 , 2020.10（2021.1 重印）
ISBN 978-7-103-05987-6

Ⅰ . ①今… Ⅱ . ①橄… Ⅲ . ①贝多芬 – 人物研究 Ⅳ . ① K835.165.76

中国版本图书馆 CIP 数据核字 (2020) 第 180452 号

策划出版：裴　珊
策 划 人：陈明陆　裴　珊
责任编辑：裴　珊
营销编辑：陈明陆
音乐编辑：王　帅
责任校对：潘　藤　王　珍

人民音乐出版社出版发行
（北京市东城区朝阳门内大街甲 55 号　邮政编码 : 100010）
Http://www.rymusic.com.cn
E-mail: rmyy@rymusic.com.cn
新华书店北京发行所经销
北京新华印刷有限公司印刷
787×1092 毫米　　16 开　　13.5 印张
2020 年 10 月北京第 1 版　　2021 年 1 月北京第 2 次印刷
印数：2,501 — 4,500 册　　定价：60.00 元

PUBLISHER 出版信息

PUBLISHER 出版	People's Music Publishing House 人民音乐出版社
	Ganlan Classical Music 橄榄古典音乐
Editor-in-Chief 主编	Ma Guanghui 马光辉

SOCIAL MEDIA BOARD 新媒体编辑部

MARKETING 市场企划	Wang Yuting 王郁婷
EDITOR 编辑	Ma Jie 马婕
	Men Nan 门楠
	Chen Zhipeng 陈智鹏
	Xu Jin 徐进
	Chen Xi 陈曦
VIDEO EDITOR 视频编辑	Wei Jingjing 魏精精

DESIGN 设计

GRAPHIC DESIGN 平面设计	Zhao Chen 赵晨
	Pan Jiajian 潘佳键
	Ma Guanghui 马光辉
COVER DESIGN 封面设计	Zhao Chen 赵晨

橄 榄 古 典 音 乐

微信扫一扫

TONKÜNSTLER

作曲家

MUZIK

音乐

目录

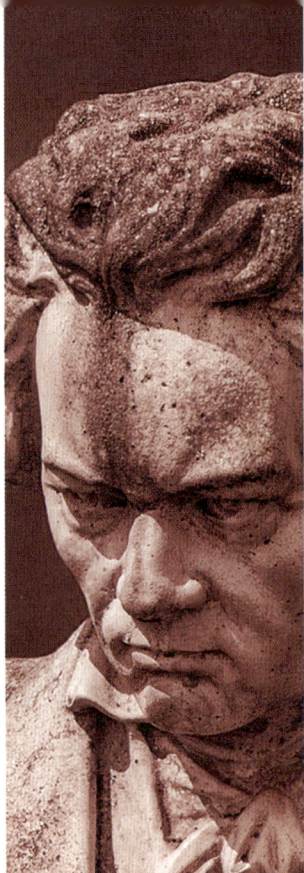

MENSCH

人

ERWEITERTES LESEN

延伸阅读

LUDWIG VAN BEETHOVEN

1770.12.17 - 1827.03.26

2020 年的贝多芬

文 / 马光辉

今天我们会说起贝多芬，原因大概来自三种不同的层面。首先，例如一些乐迷朋友会说的"相比维也纳三杰——海顿、莫扎特、贝多芬，我更喜欢有着悠长旋律的浪漫派"，这里的贝多芬指一种"音乐"乐派。其次，是身份层面的，例如我们常说贝多芬是如何定义职业作曲家的，时代又是如何推波助澜的，以及作曲家本人又是如何纠结于贵族身份的，贝多芬在这里是"音乐家"。最后，也是最基本的，是贝多芬作为"人"的层面，他的七情六欲、钩心斗角和政治理想，如果有的话。

在浪漫文学笔下，这三个层面得到了高度统一。时至今日，多数人印象中的贝多芬仍然是坚守法国大革命理想，创作英雄风格音乐并与命运抗争的作曲家。然而，只消阅读任一本 20 世纪中后期以来出版的贝多芬传记，这幅形象就会自然消解。贝多芬是那个创作了许多经典作品的音乐家，贝多芬也是那个在贵族和出版商间左右逢源并用各种方法夺取侄子抚养权的人。只有看到了这种矛盾性，才有可能真正认识贝多芬和他伟大之所在。

在埃德蒙·莫里斯（Edmund Morris）的《贝多芬传》中有这样的描述：1978 年 2 月，一场创纪录的暴风雪袭击了新英格兰地区，电网中断，交通受阻，整个地区死寂得如同末日一般。两天后的早晨迎来了阳光，铲雪的人开始了劳作，除了脚踩在雪上的吱吱声外，还是一片死寂。突然，有人打开了窗户，"在窗台上放了一对喇叭，对着凛冽的空气大声地播放贝多芬《第五交响曲》的最后乐章"。三声嘹亮的号角打破了这一沉寂，十分钟后，音乐以四十八声雷鸣般的 C 大调结束时，有的听众落下了眼泪。一场让新英格兰瘫痪的"c 小调"天气，在"C 大调"的呐喊中获得了重生的活力。

42 年后，在大洋彼岸因新冠肺炎疫情肆虐而封闭的欧洲，历史重演了。2020 年 3 月 22 日 18 时，钢琴、弦乐、管乐、人声合奏的"欢乐颂"乐音在全德国阳台上响起。不同于 42 年前的抗争，今天，我们通过"欢乐颂"呼唤团结和博爱。

2020 年是贝多芬年。对很多人来说，2020 年也是被"取消"的一年。今天，我们身处科技时代。德国波恩"贝多芬之家"（Beethoven-Haus Bonn）总监马尔特·波尔克（Malte Boecker）曾说："通过创造力，文化正在突破重围。"贝多芬也得益于此——线上合奏、云音乐会等形式接力现场演出，将音乐传递下去，贝多芬年纪念也因此得以继续，让我们有机会再次"发现贝多芬"。

2020 年 4 月的意大利版《服饰与美容》（VOGUE）杂志采用纯白封面回应新冠肺炎疫情，温柔而有韧性。"橄榄古典音乐"无法在"利维坦"般的疫情现实面前坐视不理，我们以这些图片开启这本杂志书，它们描绘出疫情下音乐演出的模样。

2020 年 3 月 12 日，在空旷的柏林爱乐大厅，西蒙·拉特尔爵士（Sir Simon Rattle）指挥柏林爱乐乐团演奏贝里奥和巴托克的作品。这场音乐会可以在柏林爱乐数字音乐厅付费观看。© Stephan Rabold

2020 年 3 月 12 日，雅尼克·涅杰－瑟贡（Yannick Nézet-Séguin）指挥费城管弦乐团演奏贝多芬《第五交响曲"命运"》和《第六交响曲"田园"》。受疫情影响，音乐厅空无一人，音乐会免费向全世界直播。© The Philadelphia Orchestra

2020 年 3 月 12 日，丹尼尔·巴伦博伊姆指挥柏林国立歌剧院空场演出比才的《卡门》。演出由柏林勃兰登堡广播公司（RBB）直播。© Peter Adamik

2020 年 3 月 7 日，丹尼尔·巴伦博伊姆（Daniel Barenboim）指挥柏林国立歌剧院演出比才的《卡门》。路奇奥·加洛（Lucio Gallo）饰演埃斯卡米欧，安妮塔·拉切维利什维利（Anita Rachvelishvili）饰演卡门。
© Monika Rittershaus

2020 年 5 月 1 日，基里尔·别特连科（Kirill Petrenko）指挥柏林爱乐乐团在柏林爱乐大厅举行欧洲音乐会，演出利盖蒂、阿沃·帕特（Arvo Pärt）、巴伯、马勒作品。2020 年度的欧洲音乐会本应在以色列的特拉维夫（Tel Aviv）举办，演出马勒和布鲁赫的作品。这场音乐会可以在柏林爱乐数字音乐厅付费观看。© Monika Rittershaus

2020 年 5 月 8 日，丹尼尔·巴伦博伊姆与柏林国立歌剧院乐手带妆彩排纪念第二次世界大战结束 75 周年音乐会。© Peter Adamik

2020 年 5 月 23 日，在中国疫情稳定的情况下，张洁敏指挥上海交响乐团演出巴伯、巴托克、皮亚佐拉作品，现场有少量观众。© 上海交响乐团

2020 年 5 月 23 日，基里尔·别特连科与柏林爱乐乐团成员举办柏林爱乐线上音乐会系列。这场音乐会可以在柏林爱乐数字音乐厅付费观看。© Monika Rittershaus

2020 年 6 月 11 日，瑞士罗曼德管弦乐团（Orchestre de la Suisse Romande）在音乐总监乔纳森·诺特（Jonathan Nott）指挥下演出贝多芬《第九交响曲"合唱"》。遵照社交安全距离的规定，乐手、独唱演员和合唱演员分散在舞台、观众席和二楼看台。2020 年 6 月 21 日"世界音乐日"当天，这场音乐会在瑞士广播电视台（RTS）、德法公共电视台（arte）等电视台及电台播出。 © RTS / Jay Louvion

缓冲区

文／橄榄古典音乐

听什么贝多芬

听什么贝多芬？

在线上音乐会"同一个世界，共同在家"（One World, Together at Home）般的直抒胸臆后，还听什么贝多芬？

奇怪的是，表意功能很大程度仰赖歌词的流行音乐在时代中"曲来曲往"，而"贝多芬们"的"无词"乐音却中流砥柱般以数世纪之久，并无意对音乐做出高低之分。不言自明的是，音乐传递的信息无须放置于"词语"这一看似精准的坐标系中，而"词语"，哪怕仅占音乐表意功能的十分之一，也无法穷尽。"经典"是忠于创作的时代，同时又超越了那个时代，约翰·列侬（John Lennon）的《想象》是，贝多芬也是。

听什么贝多芬？

贝多芬，这一被浪漫文学悲情化和英雄化的人物，在今年，又一次成了"悲情担当"。轰轰烈烈的全球纪念贝多芬诞辰250周年活动不得不因疫情而被叫停。鉴于此，也鉴于贝多芬音乐负载的能量之丰富，我们挑选10首贝多芬作品——或是摧枯拉朽的，或是温润治愈的，或是恣意浪漫的……当个体不得不直面当前疫情这个现实时，音乐提供缓冲。

《第五交响曲"命运"》 第一乐章

贝多芬《第五交响曲"命运"》(以下简称"贝五")第一乐章的"命运"主题几乎成了贝多芬音乐的代名词。从克莱德曼的流行钢琴曲,到年轻人表示"惊喜"之情的嘴哼音效,各种不同形式的改编版本简直可用"铺天盖地"来形容。

20世纪70年代中期,卡洛斯·克莱伯(Carlos Kleiber)与维也纳爱乐乐团合作录制的版本被不少评论家认为是有史以来最出色的"贝五"唱片。在克莱伯的"魔棒"下,第一乐章被演绎到以复刻无以复加的地步,第二乐章的柔和细致,第三乐章的充沛活力,还有终乐章的辉煌灿烂几乎无以复加的地步。

《第六交响曲"田园"》 第一乐章 "溪边小景"

令人难以置信的是,从题材到形态都迥异的《第六交响曲"田园"》(以下简称"贝六")与"第五交响曲"命运"(以下简称"贝五")是贝多芬同时创作的。"贝六"是历史上第一部真正意义上的标题交响曲。人们无比渴望来近大自然,在"溪边小景"的音乐中,至少能让我们的精神得到一些舒宁静和诗意盎然。

"贝六"名版无数,但你可能没听过它的室内乐版本。法国星团六重奏(Les Pléiades)的录音让人耳目一新。乐团全由女性成员组成,成员都来自著名的法国世纪管弦乐团(Les Siècles)。唱片收录两首作品——创作于1808年的"贝六"与勋伯格创作于1899年的《升华之夜》(Op. 4)。这两首作品正好位于精神浪漫主义坐标系的一头一尾。

BEETHOVEN · SYMPHONIES NOS. 5 & 7
WIENER PHILHARMONIKER
CARLOS KLEIBER

Les Pléiades, septuor 3 cordes
Les Siècles
Beethoven, Schönberg

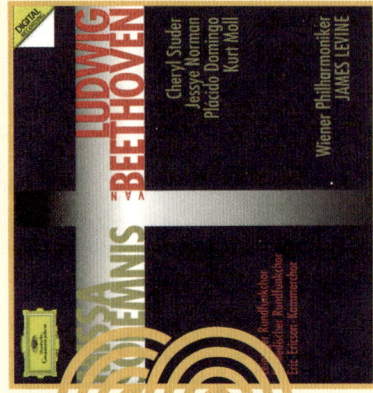

《D大调庄严弥撒》

在此，将这部被作曲家自己称为"最伟大的"作品，献给所有因感染新冠病毒而去世的人们。尽管人们至今也没弄清楚贝多芬真正的宗教态度，但毫无疑问的是，在《D大调庄严弥撒》里，作为思想家的贝多芬，在其他音乐家们难以企及的高度上对全人类发出了大灾难的预言。

1991年萨尔茨堡音乐节中，詹姆斯·莱文（James Levine）指挥维也纳爱乐乐团演奏此曲，以纪念1989年去世的指挥家卡拉扬。杰西·诺曼（Jessye Norman）、多明戈等担任独唱。

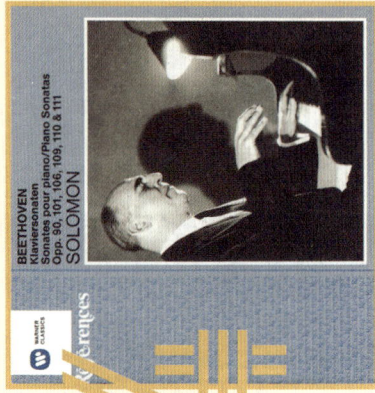

《E大调第三十钢琴奏鸣曲》第三乐章

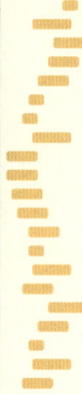

在创作完规模宏大的《降B大调第二十九钢琴奏鸣曲"槌子键琴"》之后，1820年的贝多芬在《E大调第三十钢琴奏鸣曲》中重回小规模但更亲密的创作。通常，古典奏鸣曲的重点在第一乐章，而晚年的贝多芬则慢慢将其移至末乐章。这首三乐章奏鸣曲的终乐章包含主题与六个变奏，它端庄而富有冥想性，一如乐章的标题——"带着最深的感情歌唱"。

卡特纳·所罗门（Cutner Solomon）的演绎以清晰、辉煌、高贵、自然著称，他被称为"我们时代为数不多的伟大贝多芬演奏家之一"。1951年的录音时至今日仍被奉率为主臬，中，可惜他突然中风，令人惋惜无奈更高质量的录音的录音出版。

《D 大调钢琴协奏曲》第一乐章

最初是为小提琴而作的协奏曲（Op. 61）被冠以"小提琴协奏曲之首"的名号或许过于耀眼，以至于人们忽略了贝多芬曾将其改编为钢琴协奏曲的事实，他甚至写下了第一乐章的华彩部分。第二乐章的变奏曲摒弃了当时多见的炫技写法，反而有着明显的深沉感。

此钢琴协奏曲虽然较少在音乐会上演奏，却成了芬兰钢琴家奥利·穆斯托宁（Olli Mustonen）的招牌曲目，只消听上几个小节，穆斯托宁辉煌的技巧便可略知一二。他富有生机的清脆触键赋予音乐弹性，可以说有着冷峻的"北欧"风格。

《C 大调第一钢琴协奏曲》第二乐章

这首维也纳经典风格的协奏曲有着明显的莫扎特风格，也反映出青年贝多芬多芬的精神面貌。第二乐章的广板情感充沛，泛着幸福的微光，是贝多芬所有钢琴协奏曲中篇幅最长的慢乐章。

有什么比两大巨匠的联手更让人兴奋呢？玛尔塔·阿格里奇（Martha Argerich）和小泽征尔这两位年龄总和超过160岁的大师像一对年轻人一样"玩"起25岁的贝多芬创作的音乐。面对自由成性的阿格里奇，日本水户室内乐团展示出高超的合奏能力。

《第四交响曲》 第二乐章

通常说，这部交响曲尤其是第二乐章抒情的柔板表现了恋爱中的贝多芬。宁静流动的旋律像是一首夜曲，柏辽兹形容"他的旋律有天使般的纯洁和不可抗拒的柔情蜜意，只是奇妙的艺术加工痕迹完全消失"。真男人贝多芬的柔情也是这般浑然天成。

尼古劳斯·哈农库特（Nikolaus Harnoncourt）与欧洲室内乐团合作录制的经典唱片，在贝多芬交响全集录音中占有举足轻重的地位。一如指挥家所说："音乐要去打开人的眼界，甚至要去'吓'他们。"这套当时听听的新唱片甚至会让熟知贝多芬音乐的人误以为自己在听全新的作品。

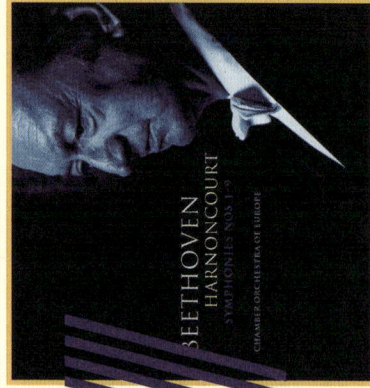

声乐套曲《致远方的爱人》

"英雄"的贝多芬展现其深情和真意的一面，感人至深又荡气回肠。爱一个人并非得时刻厮守在一起，相隔万水千山，也许有时更能激发心中炽热的爱恋。

在整个20世纪演绎德奥艺术歌曲领域中，恐怕很难再找出第二位在曲目范围和影响力之广泛等方面都能与狄特里希·费舍尔·迪斯考（Dietrich Fischer-Dieskau）比肩的歌唱大师了。1966年录制贝多芬歌曲集时，他正值嗓音巅峰时期。无论音色还是演绎，费舍尔·迪斯考都非常具有辨识度。不仅是贝多芬的声乐作品，他演唱的舒伯特、舒曼等音乐大师的歌曲，也几乎都是乐迷收藏的首选。

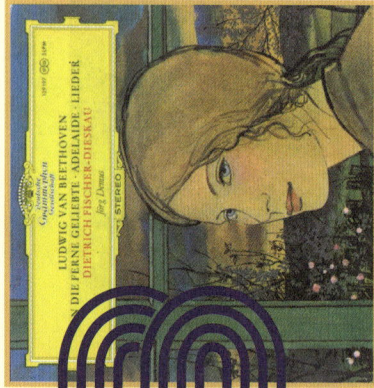

《a小调第十五弦乐四重奏》第三乐章 "病愈者的感谢曲"

1825年的贝多芬，已是位55岁的"老人"。当年4月，贝多芬因得了严重肠炎而卧床不起整整两周，生命几近垂危。后经医生朋友精心诊治与调理而得以康复。这段患重病而死里逃生的经历历历在目，被贝多芬写进了《a小调第十五弦乐四重奏》的第三乐章中，他在总谱上写有这样的标题——"一位大病初愈者献给上帝的感恩圣歌，用利底亚调式"（Heiliger Dankgesang eines Genesenen an die Gottheit, in der lydischen Tonart）。

这部作品由哈根四重奏（Hagen Quartett）演绎，其中的圣咏部分没有刻意拉宽速度和过度廉价煽情，而是着意让其与紧随的舞曲部分尽量融合，避免了乐章两部分交替时的割裂，从听觉到精神内核都实现了统一。

《第九交响曲》"合唱" 第三、四乐章

自全球新冠肺炎疫情肆虐以来，《第九交响曲》"合唱" 几乎是被各国音乐家 "云合奏" 最多的作品。第三乐章与上天的对话令人潸然泪下，第四乐章回到人间，与身边（久违）的兄弟姐妹热情相拥。

为庆祝柏林墙被正式拆除，伯恩斯坦于1989年圣诞日早晨在柏林演出的现场录音与其他任何一个版本不同的地方在于：他将终乐章中所有的"欢乐"一词都改成了"自由"。超过常规编制的庞大乐队成员来自世界各地，如巴伐利亚广播交响乐团、德累斯顿国立管弦乐团、列宁格勒基洛夫歌剧院乐团、纽约爱乐乐团、巴黎管弦乐团及伦敦交响乐团等。合唱和独唱乐手也来自世界各地。

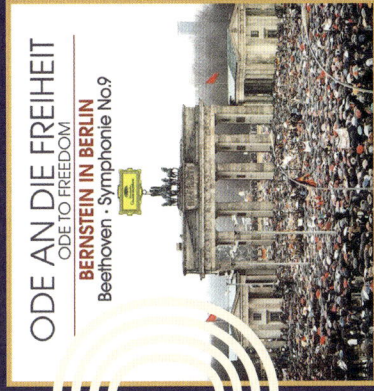

beethoven streichquartette opp. 127 & 132
Quartett

ODE AN DIE FREIHEIT
ODE TO FREEDOM
BERNSTEIN IN BERLIN
Beethoven · Symphonie No.9

作曲家

Tonki

nstler

MALTE BOECKER

如何在今天纪念贝多芬
——访波恩"贝多芬之家"总监
马 尔 特 · 波 尔 克

采访 / 马光辉

1970 年出生于纽约，大学主修法律和音乐学。曾负责欧洲文化之都"魏玛 1999"法务工作，并参与创建丹尼尔·巴伦博伊姆（Daniel Barenboim）和爱德华·W.萨义德（Edward W. Said）发起的西东合集管弦乐团。2012 年 5 月起担任波恩"贝多芬之家"总监。2019 年起任贝多芬周年纪念公司"BTHVN2020"项目艺术总监。

© David Ertl

尝试在"纪念贝多芬"这一命题作文中作出新意是困难的。

关于这位在世时即受到广泛关注的作曲家的生平，贝多芬晚年时的助手安东·辛德勒（Anton Schindler）早已有意识地"私藏"作曲家个人物品，在其去世后出版所谓"一手"传记。而在传记这一领域，没有哪部著作的影响力可以匹敌 20 世纪初，罗曼·罗兰（Romain Rolland）富有浪漫主义想象和英雄色彩的《贝多芬传》。20 世纪中后期，梅纳德·所罗门（Maynard Solomon）用精神分析

© David Ehl

方法重塑了贝多芬的形象。关于音乐的讨论更是不胜枚举，一来不断超越自己的贝多芬经历了维也纳典雅风格、英雄风格和晚期超凡脱俗风格的转变；二来演奏家和听众的追捧也使得音乐会曲目文化（repertoire culture）得以形成。在他去世后，首次出现了逝世作曲家作品上演比例超过在世作曲家的情况，并持续至今。在创作、评论、演出三个领域，贝多芬都提供了可以持续讨论的土壤。然而更普世的是，当"欢乐颂"的旋律成为"欧洲之歌"时，当《第九交响曲"合唱"》（以下简称"贝九"）奏响在柏林墙倒塌之时，甚至当"贝九"末乐章在杭州 G20 峰会晚会压轴环节上演之时，我们是否才可以真正宣称贝多芬音乐是全人类共同的财富和遗产。如此看来，每隔几年都会迎来一波的"贝多芬纪念"，可能会落入老调重弹的陷阱。

在贝多芬诞辰 250 周年之际，我们该如何纪念他？为此，我们采访了德国波恩"贝多芬之家"总监马尔特·波尔克先生。由他主办的贝多芬 2020（BTHVN2020）官方周年纪念活动从 2019 年 12 月 16 日持续到 2020 年 12 月 17 日，因受新冠肺炎疫情的影响，主活动将延长至 2021 年 9 月。在今天这个互联网造就的扁平时代，尤其是受疫情影响，许多活动都以数字化的方式实现。尝试通过巩固知识与技术、欣赏壁垒的方式无疑是不可取的。如果我们认同贝多芬音乐的全民属性，就应在"纪念贝多芬"时跨越这些人造壁垒。换句话说，就是"破圈"。在下面这篇访谈中，波尔克先生介绍了他们为"破圈"而作的努力。也许正在阅读的你，也能找到属于自己的贝多芬纪念灵感。

BTHVN，每个字母都代表着贝多芬的一个身份。这个想法从何而来？

有时，贝多芬在乐谱上只用名字中的辅音字母签名，因此BTHVN 是"正宗的"用法。同时，它也符合我们这个时代信息"短"的风格。视觉上有辨识度，听觉上，它的发音仍然是"贝多芬"。五个字母分别代表我们希望在庆祝活动中突出的五大主题。我们邀请全世界的观众围绕着这些主题去"发现贝多芬"。"B"代表波恩（Bonn）的贝多芬，这一主题我们关注年轻的贝多芬，他在波恩度过了三分之一的人生。"T"是贝多芬作品的核心——他的"音调"（tones），我们关注他数以百计的作品，多数不为人所知所演。"H"代表人道主义者（humanist）：贝多芬是人道主义理想的热情仰慕者和执行者，这是有据可查的事实。"V"代表贝多芬有远见（visionary）的一面，他对后世数代音乐家的影响毋庸置疑。最后，"N"指向他对自然（nature）的热爱。在波恩的 22 年中，他的日记提供了一个窗口，人们可以从中看到他对自然，对莱茵河的喜爱，以及对崇高性的原生态浪漫主义视角，所有这些最终汇成了他的杰作——《第六交响曲"田园"》。

关于规模宏大的周年纪念庆典活动，贝多芬周年纪念有限责任公司（Beethoven Jubiläums GmbH）本应组织 300 个项目和1000 多项活动，然而随新冠肺炎疫情而来的管制打断了或至少

是改变了我们所有的进程。现在，我们将庆典活动延长了一年，直到 2021 年 9 月。我们仍富有创造的潜力，也正在寻找新的适合现状的庆祝方式。

目前，我们在跟接受我们资助的艺术家对话，同时对我们自己的项目进行评估，以使尽可能多的项目有机会展示对贝多芬的创造性纪念。一些活动被推迟了，一些借由数字化形式得以再现，它们被归为"数字化贝多芬 2020"（BTHVN2020 digital）系列。其余的系列活动我们仍然希望照常举办，例如在已被提名为 2022 年起的贝多芬艺术节（Beethovenfest）候任主席——斯蒂文·瓦尔特（Steven Walter）领导下的埃斯林根欧洲青年音乐节（PODIUM Esslingen）的"#bebeethoven"系列演出。但是，我们并没打算推迟 2020 年 12 月 17 日（贝多芬 250 岁生日当天），由丹尼尔·巴伦博伊姆和西东合集管弦乐团合作的盛大音乐会。它本是庆典年的压轴大戏，现在是整个庆典活动的高光时刻。

目前看来，一切都说不定。但我必须说，尽管有这么多挑战，却能看到文化和创意为了打破现状，相互交织，齐头并进。对此，贝多芬肯定也会遂心满意的。

贝多芬在波恩度过了他的前半生，随后在维也纳居住，也在那里收获了名声。这让我想起了肖邦。他在波兰生活了 20 年，后半生在巴黎度过，并在那里声名鹊起。当我们说起波兰对肖邦的影响时，我们会想起"玛祖卡"（mazurka）和"波罗乃兹"（polonaise）。那当我们说起贝多芬时，波恩对他有何影响？

在我 19 岁时，柏林墙倒下，这样的体制转变是永生难忘的。贝多芬 19 岁时见证了法国大革命，这可以说是更大的变化。当时，有一位开明的选帝侯，他允许进步思想者在作为科隆选区的政治和文化中心——波恩——工作和生活。1789 年，《人权宣言》的第一版德文译本也出现在波恩，它倡导的自由、平等、博爱等思想对年轻的贝多芬影响深远。在波恩，他就有了为席勒诗歌《欢乐颂》创作音乐的想法。往远说，贝多芬音乐中逐渐增加的复杂性是一面镜子，它反射着贵族社会瓦解后具有解放性的多元化公民社会特征。最近，我们发现了一封贝多芬未署名的信，它证实了贝多芬人道主义理想在波恩时就已形成的事实——作曲家在信中诘问全人类是否及何时会成为兄弟。目前，这封信在波恩的"贝多芬之家"中陈列。由此可见，是波恩塑造了贝多芬，并为这位世纪艺术家的发展奠定了基础，尽管他那些伟大的作品都创作于维也纳。

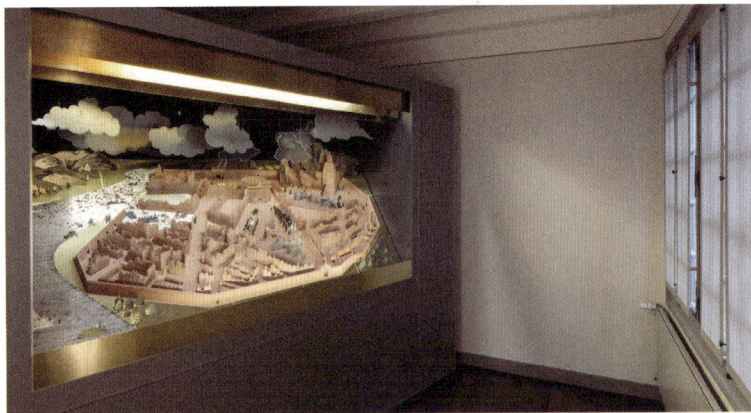

贝多芬周年纪念活动的策展核心是什么?

纪念活动的标语"发现贝多芬"是我们的工作重点,我们也从尽可能多的角度阐释贝多芬和他不曾间断的现实联结。我们不想以"欧洲人贝多芬"(Beethoven the European)为主题,而希望提供一个 360 度的视角。因此,我们的节目远超古典音乐会的范畴,涉及教育、展览、儿童工作坊、夜店唱片骑师(DJ)打碟、现代戏剧、舞蹈等领域。我们虚心尝试打开更多面向贝多芬的窗口,每个人应该都能在我们的纪念活动中找到适合自己的节目。

安排电子乐和流行乐音乐会的考量是什么?

我们想将贝多芬带出古典音乐的"泡泡",来到一个每个人都可以欣赏他,并将他的作品、传记、理念和态度与我们这个时代产生共鸣的地方。能让像发电站乐队(Kraftwerk)这样的音乐家们来一场纪念贝多芬的音乐会,也太棒了吧!

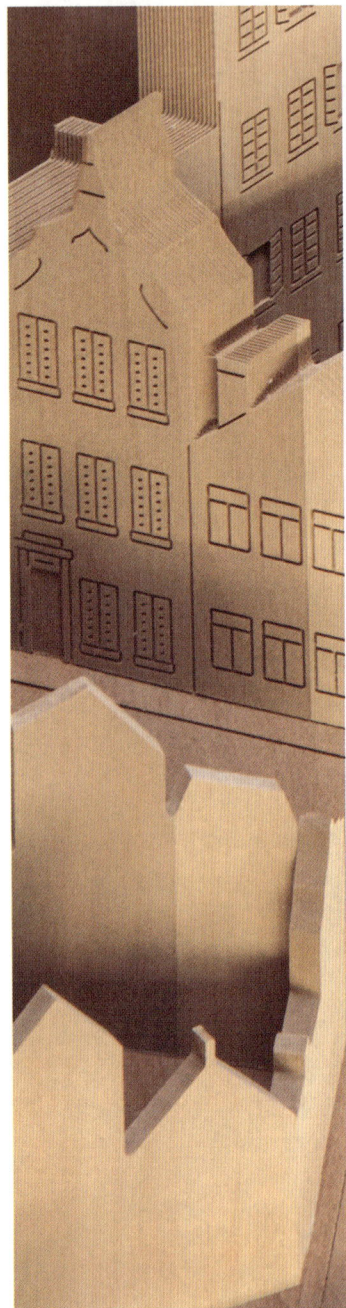

贝多芬可以说是他那个时代的"流行巨星"吗?

贝多芬自成年以来就享有很大名望。他的葬礼有逾两万人参加,对艺术家来说,这是前所未有的。如果你同意我之前的说法——贝多芬的音乐与新兴的自由公民社会有关,那么可以说,他将音乐流行化了——将音乐从贵族的庄园带去新中产阶级建设的音乐厅中。因此,可以说他身上有某些流行艺术家的元素。然而我认为,在他所处的时代,"流行巨星"这个词,以及随之而来的媒体现象、消费主义和潮流,意义和今天都是不一样的。

贝多芬属于音乐厅,他也属于迪斯科舞厅和购物商场,在那里我们可以听到 DJ 采样贝多芬音乐片段改编的舞曲,以及购物季以"欢乐颂"为主题旋律的小调。当然,他也属于一些重大场合,如柏林墙的倒下。你如何看待我们对他音乐的认知方式呢?

贝多芬音乐的特点之一,就是它易于被改编成各种形式:电影背景、商业广告、快闪活动,等等。因为他的音乐是不能回避的人类共同财富,他的遗产包括那些你常听到的永恒的音乐动

机。尽管我对他音乐的各种使用方式表示支持，但同时也坚信他的音乐在音乐会上的体验是无与伦比的。

这是否可以说明贝多芬至今仍是与时代高度相关的？

当然。说起贝多芬的时代相关性，还有什么比身处新冠肺炎疫情中的人们站在阳台上合奏"欢乐颂"主题更好的例子呢？还有什么比欧洲联盟选择"欢乐颂"作为"欧洲之歌"更好的例子呢？还有什么比在周年纪念活动中受贝多芬启发而涌现出的数百首新作品更好的例子呢？他的音乐甚至被带到了太空——"旅行者"号携带的金唱片中有《第五交响曲"命运"》的片段。贝多芬的音乐一直以来都为我们提供了一个可被再创作的舞台。他是一笔无比重要的文化财富，尤其在我们需要他的"乌托邦"的时刻。在那个乌托邦中，有濒危的兄弟情谊，有对自然的尊重及自由。

《威灵顿的胜利》（Op. 91）是贝多芬为庆祝英国的威灵顿将军大破拿破仑率领的法军这一战争胜利而作的一首交响曲，又名《"战争"交响曲》。他的其他作品，诸如"贝五""贝六""贝九"等，又在后世乃至当今许多事件中被赋予了特殊的含义。在您看来，他的音乐是否有变为场合化作品的风险？在音乐学者尼古拉斯·马修（Nicholas Mathew）的《政治贝多芬》一书中有这样的描述：《第九交响曲"合唱"》和《庄严弥撒》也许都可以被称为永远在寻找场合的场合化作品（occasional works perpetually in search of an occasion）。

我认为"场合化"不是个贬义词，也称不上有风险。相反的是，当伯恩斯坦在 1989 年柏林墙下指挥《第九交响曲"合唱"》时，他将"欢乐颂"（An die Freude）改成了"自由颂"（An die Freiheit）。你可以说这是高度"场合化"的做法，但它仍然是你能想到的气氛最强烈的现场演出之一。一旦有了社会变革，贝多芬的音乐就会显示出高度的相关性，你能说这是一件坏事吗？我这么说吧，与其欣赏一场常规的专业贝多芬音乐会，我更偏爱在特殊的场合聆听他的音乐。

图注：
左：波恩老城立体透视模型
© David Ertl
右 / 下：波恩老城立体透视模型
细节 © David Ertl

谁可以称得上是当代的贝多芬?

今天的贝多芬会是一个可以撼动音乐及其核心内涵的个体。我会想到大卫·鲍伊(David Bowie),他将音乐革新为流行音乐;或者发电站乐队,他们发明了电子流行乐;或者卡尔汉茨·勃兰登堡(Karlheinz Brandenburg),他发明了 MP3(动态影像专家标准音频层面 3 格式),重塑了整个音乐产业。但我不完全有资格去提名或指出一个可以和贝多芬——他可是历史上最有影响力的百人之一——相当的人,是也将一直是一个挑战。

市面上已经有很多贝多芬作品全集套装,你们和德国 DG (Deutsche Grammophon) 唱片公司合作的贝多芬作品全集套装有什么新意吗?

"贝多芬之家"的研究部门参与了这个合作,尽管我们对此汇编最初的反应是有些许怀疑的——在流媒体时代做另一份实体唱片套装还有必要吗?但说真的,这是最完整的贝多芬作品套装,没有之一。它还包含两小时的专属内容,由顶尖贝多芬研究者提供最新的见解。因此,对我来说,这个套装是值得骄傲的,也值得贝多芬的听众拿来深入研究和重新探索贝多芬的世界。

贝多芬创作了 400 多部音乐作品,但绝大多数人只接触过他的交响曲,你如何拓展听众的接受范围?

去听室内乐和钢琴吧。《F 大调第一弦乐四重奏》(Op. 18, No. 1) 第二乐章那深情而热情的柔板如此令人动容,还有《第三十钢琴奏鸣曲》(Op. 109) 末乐章,愿为之而死。

通常我们想起贝多芬时,首先进入脑海的是一个遭遇过耳聋的
英雄作曲家,随后才是他的音乐。作曲家身份晚于人的身份出现,
这是为何?

讨论传记比讨论音乐简单多了。宣称对贝多芬达成共识的捷径
就是讨论他对抗失聪的英勇事迹。幼年丧母,壮年失聪,而后
又在抚养侄子时受到挫败,关于对遭遇挫折的抗争,所有人都
会同意贝多芬是个榜样这一观点。这也是对贝多芬产生仰慕最
简单的方式:尽管有如此多障碍,他仍创作出了如此大体量又
影响深远的作品。尝试有意义地去讨论作曲家贝多芬要难多了,
这涉及他凭一己之力改写音乐史的内容。人们常说贝多芬是个
天才,或者是浪漫主义的开端,我可不听这些陈词滥调。想理
解贝多芬,必须要"走得更远"。

英国脱离欧洲联盟计划对你们的庆祝计划有什么影响吗?如果
贝多芬看到了这个"场景",他将作何评价?

"脱欧"对我们没有直接影响。当我们觉得"贝九"已成为欧
洲文化标志之时,历史又给我们开了一个玩笑:要知道当初可
是英国人委托贝多芬创作的这首交响曲。说实话,我也很好奇,
关于目前世界政治格局,贝多芬会作何评价。

巧合的是,德国将从 2020 年 7 月 1 日起,担任欧盟理事会主席
国半年。在这期间,有关贝多芬的文化项目扮演着重要角色。"贝
多芬之家"和德国艺术展览大厅(Bundeskunsthalle)的工作人
员将在布鲁塞尔美术中心(BOZAR)举办大型贝多芬展览。在卡
拉扬的建议下,欧洲委员会将"欢乐颂"旋律定为"欧洲之歌"。
在这个方面,我们得以讨论许多话题,从贝多芬作品的工具化使
用到今天欧洲哪些价值观念和思想仍然有效,等等。《第九交响曲
"合唱"》只应在我们严肃以对"四海之内皆兄弟"的乌托邦之时
演奏,这种乐音又如何与"这个场景"相调和?

不幸的是，我们必须面对新冠肺炎疫情（以下简称"疫情"）带来的分裂倾向。你们如何面对疫情的挑战？

的确，周年纪念活动受到的冲击颇大。在隔离要求下，很难排练与演出。因此，我们需要创新，改变音乐会的方式，将其变为线上的、公共的、小观众群的或适应新座位安排的音乐会，也或许以音乐干预和装置的方式呈现。此时，艺术和文化表现得比以往更重要。如此严厉地限制它，使得它被迫"仰头高飞"。意大利是最早受到疫情冲击的欧洲国家之一，伦巴第大区有韧性的人们高歌咏叹调、康塔塔或者国歌以示团结互助，这多么深刻而美好。没过多久，德国也进入了封锁状态，不同的是，德国人选择演奏"欢乐颂"主题，席勒与贝多芬在精神上指导并安慰着人们。这也是在贝多芬年"发现贝多芬"的独特方式。

在疫情暴发后，世界各国的流行音乐界反应快速，创作了许多安慰人心的新作品。贝多芬，或者说古典音乐该如何应对呢？

在困难时期，贝多芬的音乐具有振奋和安抚人心的力量。我曾被一本音乐杂志邀请列一份"逃离"歌单。我选择了约50个乐章，以"感受新力量"（Neue Kraft fühlend，指《a 小调第十五弦乐四重奏》第三乐章中速度较快的 D 大调部分）命名，你可以在流媒体音乐服务平台"声田"（Spotify）上找到这个列表。

通常发生健康危机时，我们会以科学的方式寻求解药。音乐和艺术能否成为"解药"？

音乐的治愈作用已经被证实了，这不仅具有象征意义，还具有科学意义。研究表明，音乐可以更好地刺激脑部活动。对我来说，听音乐是冥想，演奏音乐是释放。

你们还与流媒体服务商艾塔秋（Idagio）和敦豪航空货运公司（DHL）合作。科技如何在庆典活动中发挥作用？

图注：
左：波恩"贝多芬之家"博物馆内 © David Ertl
右：波恩"贝多芬之家"
© David Ertl

> **"我们可能离他近了一点儿,但距离完全理解他的遗产还很远。"**

作为"贝多芬之家"的总监,我对利用科技使更广泛大众接触贝多芬这一方式十分感兴趣。在与敦豪航空货运公司合作的巡展中,我们利用科技来制作贝多芬自己的乐器,以再现贝多芬逐渐严重的失聪的场景,并刺激观众和"贝多芬之家"互动。与谷歌艺术文化(Google Arts & Culture)合作,我们制作了更多的数字内容,增强观众的体验。艾塔秋,这个新兴且有着广阔前景的古典音乐流媒体平台,邀请我们讨论新科技的机遇和陷阱。在疫情面前,我更加确信,我们涉足的每个领域都需要数字化的运营策略。但最后我也知道,我们做了这么多,都是为了更好的现场体验。线上无法取代线下体验!

与伯恩斯坦相识给你的工作带来了什么样的灵感?

与他相遇改变了我的一生。这段友谊开始于 1986 年的石勒苏益格-荷尔斯泰因音乐节(Schleswig-Holstein Musik Festival),结束于 1989 年的柏林音乐会。莱尼(Lenny,伯恩斯坦昵称)拥抱一切,他启发我在生活的每个时刻都保持参与感,将音乐视为最人性化的沟通方式。他是对智性的启迪。

贝多芬的影响还体现在什么方面?

贝多芬式的和平文化需求在今天比以往都更迫切。2020 年 6 月 5 日,我们受《第六交响曲"田园"》启发,呼吁音乐家就气候变化发声。贝多芬是第一个以个人对自然的感受作曲的人。在我们的时代,他的思考将变为——我们如何用文化表现自然和人类的关系,是不是有行动的必要?

我们处在一个瞬息万变的时代,贝多芬有可能不朽吗?你们在此应扮演什么角色?

你是对的,贝多芬需要被每一代人重新发现。纪念年结束后,我们可能离他近了一点儿,但距离完全理解他的遗产还很远。

Beeth

贝多芬，
定义了现代职业作曲家的人

文 / 伯樵

古典音乐的『分工』从涂尔干口中的『机械团结』走向了『有机团结』

拉赫玛尼诺夫

人们经常感叹 18、19 世纪古典音乐的黄金时代早已是"昨日黄花"。究其原因，除了对"前录音"时代充满怀旧光晕的想象外，20 世纪开始的作曲家与演奏家的"分家"，同样是让人们唏嘘不已、怀念往昔的主要原因。虽然诸如巴托克、拉赫玛尼诺夫这样的音乐巨人仍旧是兼擅作曲、演奏的顶级大师，但他们也成了全能型音乐家的最后一抹"余晖"。在他们之后，除指挥家以外的绝大部分演奏家，鲜有进入作曲领域并取得举世瞩目成就的"双修"型音乐家了。

古典音乐的"分工"从爱米尔·涂尔干（Émile Durkheim）口中的"机械团结"（mechanical solidarity）走向了"有机团结"（organic solidarity）：那些通晓多种乐器、兼擅作曲的音乐家，在以炫技性的音乐会市场诞生后，开始走向专业化和分工化的不同道路，本来难以明确区分的作曲和演奏逐渐分野。演奏渐渐变成了独奏家们的禁脔，发展出了常人无法企及、令人啧啧称奇的技艺，雄踞在音乐会的舞台之上；而作曲则成了作曲家们的领地，虽然偶尔被演奏家们"侵入"，但作曲技法的复杂和艰深，以及进入 20 世纪之后的学院化，使得作曲也逐渐成为与演奏迥然不同的独立的音乐世界。

两者的分工在 19 世纪末初现端倪，到 20 世纪中叶才算最终基本完成。在 19 世纪初，贝多芬的出现却预示了"作曲家"作为一种音乐分工的职业开始形成。如果我们仔细分析作为作曲家的贝多芬的个案，却会发现它太特殊，太独特，太不可"复制"，但贝多芬却鬼使神差般精确地，乃至量身定做般地定义了 20 世纪"作曲家"的含义。这种独特性始于他进入壮年后的身体缺陷——耳聋。

耳聋后的贝多芬

1792 年，22 岁的贝多芬开始发现自己的听力问题。在之后漫长的 30 余年中，他一直在与自己的耳聋作着长期不懈的斗争。事实上，贝多芬在 40 岁之后能听见的声音就极其有限了，虽然他仍可以通过"看"来指导侄子卡尔·范·贝多芬（Karl van Beethoven）弹琴，

上：约瑟夫·沃尔夫尔
下：丹尼尔·施泰贝特

并可以隐约听见一些巨大的声响，但听力作为音乐家最为宝贵的财富，几乎永远告别了贝多芬。

听力受损导致的直接后果，是贝多芬几乎无法再在他擅长的钢琴演奏领域纵横驰骋。贝多芬初出茅庐时，赖以成名的就是其超卓的键盘技巧。早年间在维也纳时，他就是靠其炫人耳目的演奏技艺打开了这座音乐之都的大门。在达官贵人们的客厅中，他以其华丽精确的手指跑动、变化莫测的即兴能力，以及充满戏剧性的音乐张力，赢得了广泛的赞誉。甚至在维也纳生活六七年后，贝多芬仍然征战在"斗琴"的舞台上。其中最为著名的就是他于 1799、1800 年连续两年与钢琴家约瑟夫·沃尔夫尔（Joseph Wölfl）、丹尼尔·施泰贝特（Daniel Steibelt）的黑白交锋。尤其是后一场斗琴，被激怒的贝多芬随意在钢琴上先敲了几个音作为主题动机，而后乐思如奔涌般地倾泻而出……当贝多芬完成演奏后，施泰贝特却早已离开了本属于他的音乐厅。

音乐会演出也是贝多芬重要的赚钱方式。18 世纪末，音乐会演出开始成为作曲家在赞助人体系外最为主要的收入来源。音乐家们在音乐会上主要表演自己创作的钢琴协奏曲，绝大部分的协奏曲中都有 2—3 处华彩炫技的部分，这些段

落经常是爱乐者欣赏的关键段落。为了避免华彩部分被抄袭，音乐家们往往不会在乐谱上写下自己的华彩部分，乐团只能拿到乐队部分的分谱。莫扎特为了避免自己精妙的华彩被人盗用，就曾采取这样的方法。我们今天听到的莫扎特钢琴协奏曲的华彩部分，其中一些其实是贝多芬、费鲁乔·布索尼（Ferruccio Busoni）等人的创作。贝多芬早年就开始在演奏他人（如莫扎特）协奏作品时，加入自己创作的华彩段落；而当他自己开始创作钢琴协奏曲后，更是将华彩段落视作招揽听众、赚取收入的重要手段。

贝多芬 10 岁时就已经可以通过自家举办的家庭音乐会来赚钱，但耳聋严重之后，贝多芬不得不逐渐放弃音乐厅演奏。贝多芬著名的《降 E 大调第五钢琴协奏曲》（Op.73）在维也纳首演时，不得不由弟子车尔尼代劳独奏部分。贝多芬在公众场合的演出并不多，大部分演奏都是在私人音乐会或是沙龙中的。据说他一生只有一次在公众音乐会上演奏自己的奏鸣曲，但演奏仍然是贝多芬生活中最重要的组成部分：赞助人、出版商、沙龙上的达官贵人，这些都是依靠私人音乐会演奏才会聚集在贝多芬身边的忠实支持者。音乐会同时也是向外界发声，展现自己在音乐上的开拓和技法的重要舞台。

但在听力开始出现退化的 10 年后，贝多芬意识到自己可能需要终结自己的表演生涯。同时，也因为可以从贵族赞助人那里得到年金，并且通过出版乐谱也可以从出版商那里获得部分收入，贝多芬开始决心专心创作。此外，贝多芬终其一生都伴有其他严重的疾病，这使得他一直在接受各类靠谱或是不靠谱的治疗。有一阵，医生让他将瑞香树皮绑在手臂上，结果他身上长满了水疱，根本无法演奏。1802 年之后，他不再练琴，这意味着他彻底放弃了作为演奏家的贝多芬——在这个时刻，贝多芬演奏家的身份退场，而仍然站在音乐舞台上的，只有作为作曲家的他。

贝多芬耳聋之于西方音乐史来说，只是一次偶然事件；但它却在不期然间，成了音乐家这种职业从"全能型"走向专业化分工的"专精型"这一趋势的标志性事件。之后，以巴克豪斯为始，音乐家逐渐有意识地对作曲与演奏进行区分；贝多芬与之不同，他放弃演奏充满了偶然和不幸，但也是从这个时刻开始，朝向更为艰深的演奏技法和志在颠覆传统音乐的作曲革新，让愈来愈多的音乐家们无法再身兼两职。舒伯特、拉威尔等音乐家的键盘技术不再能支撑他们的音乐表达，他们逐渐转化为纯粹的作曲家；第二次世界大战后的新一代的键盘高手们，却大多只能将有限的精力投入到手指技术的精进与维持上。贝多芬并非主动想成为一名纯粹的作曲家，但他的不幸却彰显了作曲家作为一种独立职业的可能性。

当然，这种可能性也脱离不了它的社会土壤——无论是那个贵族还散发着最后荣光的欧洲，抑或是新兴资产阶级兴起后的市民社会。

雨露均沾：赞助制与市场

贝多芬之前，音乐家谋生主要依靠两大体系。一曰宗教体系：教会或是市议会一般会在上一任教堂唱诗班指挥、管风琴师卸任

而另一大体系，则是贵族赞助体系。17、18 世纪后，教会的势力有所衰弱，地方贵族们取而代之，于是音乐成了他们家庭娱乐的重要组成部分。一些比较富有的贵族，甚至会雇佣一支二三十人的小型乐队，以方便举行聚会、社交娱乐等活动。从艾斯特哈齐（Esterházy）处退休前的海顿，以及进入壮年的巴赫也都在贵族赞助体系下长时间生存。事实上，从 18 世纪开始，宗教体系和贵族体系两者并行不悖，甚至经常共同承担某位音乐家的供养费用。

后，招募新乐师以填补空缺。宗教乐师的重要工作就是在周日或是重要的节庆中创作、排练、演奏宗教仪式音乐——大名鼎鼎的巴赫就是最为人们所熟知的宗教体系所供养的音乐家。

而在海顿晚年，随着贵族制的衰落和资产阶级的兴起，欧洲音乐世界的经济支柱悄然从传统的"宗教—贵族"双轨制，转向更为市场化的市民经济时代。无论是海顿还是贝多芬，都经历了这一巨变过程，而莫扎特更是一度在宗教、贵族和市场这三种音乐家收入轨道中挣扎不已。

贝多芬早年受科隆选帝侯的照顾，后者每年向他提供 1000—1200 弗洛林 的 年金资助——而在当时，一个波恩的中产之家一年的花销大约是 300

弗洛林。选帝侯还资助了贝多芬早年在维也纳的生活。到了音乐之都后，贝多芬以其卓越的才华，迅速吸引了一圈贵族拥趸。1810 年前，他过着衣食无忧的生活，费迪南·金斯基亲王（Ferdinand Kinsky）、卡尔·阿洛伊斯·里希诺夫斯基亲王（Karl Alois Lichnowsky）、鲁道夫大公（Archduke Rudolf）、约瑟夫·弗朗茨·冯·洛布科维茨亲王（Joseph Franz von Lobkowitz）都按年向贝多芬支付年金。于是贝多芬长年雇佣两个仆人，经常在外用餐，还购置了消夏的林间小屋，每年定期去温泉疗养……

1810 年前后，受战争和赔款影响，维也纳经历了货币贬值、物价飞涨等危机，物价以数十倍激增，没有土地的贵族陷入衰败的境地之中。虽然贝多芬的赞助人们将年金从 1500 弗洛林提高到 6000 弗洛林，但仍然无法抵消飞涨的物价。洛布科维茨亲王等贵族的经济日益捉襟见肘。无奈之下，贝多芬不得不在另一个收入领域投入巨大精力——出版！

19 世纪前后，欧洲城市资产阶级全面兴起，并且在政治、经济上占据了越来越多的话语权。经济地位的提升使得他们拥有了越来越多的闲暇和财富。许多家庭都购置了钢琴，将其作为家庭娱乐的重要组成部分——这催生了越来越多适合家庭演奏、消闲的乐谱印刷业的产生，乐谱出版逐渐成为一项有利可图的产业。贝多芬的第一部编号作品——三首《钢琴三重奏》于 1795 年 7 月出版。123 位订户中的大部分

都是维也纳贵族和资产阶级。贝多芬与出版商签订了协议，他可以获得前 400 份乐谱的大部分收益。这笔买卖共让贝多芬赚了大约 800 弗洛林——相当于他在维也纳一年的开销费用。不过出道即巅峰，之后 30 年，贝多芬的出版事业再也未能达到如此高度。

贝多芬作品的出版受到了市场认可，让他可以不再对贵族赞助过于依赖——毕竟，除了里希诺夫斯基亲王的 600 弗洛林年金外，大部分贵族赞助都附带了作品创作、题献等附加要求。市场认可带来的出版收入，使贝多芬可以保持一定的创作独立性。铜板雕刻技术的发展，也使得出版的成本变得更低，乐谱单价的降低也有助于销量的提高。

但是，由于盗版的广泛存在（抄谱员经常会在誊录乐谱时多抄一份，再转手卖给别的出版商），使得音乐出版的收益期限短，回报低，作曲家必须不停写作大量作品才能维系生活。海顿一度发明了"区域特许"的销售办法以实现利益的最大化，其具体操作就是在不同地区同时上市乐谱，以降低盗版流传所带来的经济损失。贝多芬无疑也深谙其中门道。年轻时，他让脾气同样恶劣的弟弟卡斯帕（Kaspar）做自己的出版经纪人，推广自己的各类作品；晚年后，贝多芬经常会将自己年轻时的习作略加修改后交给出版商（甚至有时让学生改编，但署自己的名字），以图快速挣钱。在写作《庄严弥撒》（Op. 123）前后，贝多芬一稿五投，希望能赚取尽可能多的出版收入。

除了开展在欧洲大陆内的出版生意，贝多芬还和英国的出版商合作。除了广为人知的商人钢琴家穆齐奥·克莱门蒂（Muzio Clementi）外，贝多芬还长期和出版商乔治·汤姆森（George Thomson）合作，改编大量的威尔士、苏格兰和爱尔兰民歌。贝多芬虽然不以艺术歌曲这种高度市场化的短作品见长，但也留下了大量的精品。与汤姆森合作出版的原因，主要是汤姆森能给贝多芬提供稳定的计件工作的收入：仅仅改编 43 首民歌，就能让贝多芬收获 100 杜卡特（约合 500 弗洛林）的收入。从 1810 年欧陆局势恶化，到 1820 年期间，贝多芬总共为汤姆森改编了约 125 首民歌，弥补了贵族赞助不足后的收入缺口。

当然，出版商们也不是省油的灯——从瞒报印数，到盗版乐谱，奸商们在与贝多芬的拉锯战中经常占据上风。贝多芬跟出版商们锱铢必较，一是为了多赚钱，二是因为吃过不少暗亏，确实需要精打细算。在中文版出版物中，对贝多芬经济状况的描述就算不是穷困潦倒，至少也是较为拮据的，但事实上，贝多芬一直过得不错。就算 1810 年后货币贬值，物价暴涨，贝多芬的收入也远超一般城市中产阶级，只不过他因为需要疗养、治病、购置宅邸，还要跟弟媳打旷日持久的官司，才使得他偶尔经济上运转不周。仅 1808－1812 年间，他就有至少 11,500 弗洛林的收入——其中出版收入占很大一块，相比于人均 1300 弗洛林的开销，单身汉贝多芬算得上是阔绰的了。

贝多芬赞助人
上：鲁道夫大公
下：洛布科维茨亲王

贝多芬出版商
上：克莱门蒂
下：黑特尔

Die Intimen bei Beethoven. Nach dem Gemälde von A. Gräfle. (S. 18.)

Schindler (begeistert).   Steiner (zufrieden).   Beethoven.   Dr. van Swieten (kritisch).
Abbé Vogler (vertieft).

对不再演奏，也不能再从贵族赞助制中谋得温饱的贝多芬来说，资产阶级兴起后的市民社会所提供的音乐销售市场的雏形，使得他可以在很大程度上依靠市场来维持生计。现代意义上的作曲家早已告别了贵族赞助制，在很大程度上依靠音乐机构的委约和商业性写作作为其主要收入来源。"19世纪初"的维也纳也与日薄西山的贵族制和已然消退的宗教势力渐行渐远，资产阶级的勃兴为贝多芬带来了依靠市场"自食其力"的机遇。无论是侍奉宗教的仪式音乐，还是取悦贵族的社交音乐，这些充斥着功能性色彩的音乐在贝多芬的创作中占据了一席之地，但也仅仅是一席之地罢了。市场对贝多芬的认可，使得他可以腾出手来，在自己擅长的领域大胆试验、创新，写作他自己内心认同的作品。贝

多芬在市场上的磨砺与成就，也使得他迈向了成为更加纯粹和现代意义上的"作曲家"的道路。

市场是什么？能吃吗？

被迫放弃演奏生涯后，贝多芬转而通过赞助和出版来谋生——这只能证明他是一位能够自食其力的作曲家。在很长一段时间内，贝多芬的作品在市场上不乏销路。对于一位不善歌剧创作的作曲家而言，贝多芬的交响乐演出和乐谱出版仍使他站在音乐市场的金字塔尖。但真正使得贝多芬走向职业作曲家，并且超凡入圣般地达到了前贤所不能企及之境地的，是他那些晦涩难解、市场难以接受、出版商们不理解的艺术作品。

贝多芬的晚期作品在很长一段时间内不被当时的人们所理解，甚

至那些音乐素养深厚的同行们都时而对贝多芬的晚期作品表示困惑。出版商出于商业考虑，有时甚至建议贝多芬修改自己的作品。1826年，贝多芬的《降B大调弦乐四重奏》（Op. 130）上演。这首四重奏原本的末乐章后来被称为《大赋格》（Op. 133）。出版商努力说服贝多芬将《大赋格》舍去，否则乐谱出版后根本不可能卖得出去。最终，贝多芬为了换取出版商臆想中的市场销量而屈服了。

哪怕是难度较低的民歌改编作品，贝多芬的改编也经常让寻常弹琴者无法演奏。彼时的歌曲钢琴伴奏谱经常是用于家庭演奏的，所以，出版商非常重视钢琴伴奏部分是否易于弹奏。键盘技法过于艰深的乐谱的销量往往不太理想。出版商汤姆森一直希望

左：贝多芬和他的亲信安东·申德勒（Anton Schindler）、西格蒙德·安东·史坦纳（Sigmund Anton Steiner）、格奥尔格·约瑟夫·福格勒（Georg Joseph Vogler）、戈特弗里德·范·斯维顿（Gottfried van Swieten），阿尔伯特·格拉弗（Albert Gräfle）作于 1892 年
© Österreichische Nationalbibliothek

贝多芬可以将钢琴伴奏部分改编得简单上手，于是他让自己的女儿安妮试奏贝多芬的改编。如果连女儿都觉得难的话，汤姆森就会要求贝多芬"简化"钢琴伴奏谱。

但进入晚年的贝多芬越来越不考虑自己的作品是否适合琴艺平常的普通人演奏。比如著名的《降 B 大调第二十九钢琴奏鸣曲"槌子键琴"》（Op. 106），这部作品对现在那些琴技绝伦的音乐学院高才生们来说都堪称"巨兽"，更何况 19 世纪初的那些将钢琴视为爱好的业余演奏者了。而在音乐风格上，贝多芬更是与古典主义渐行渐远，于浪漫主义浅尝辄止。贝多芬在其晚年时，逐渐进入了一个不再创作动听旋律的超凡入圣的境地：优美的旋律、和谐的和声越来越少，取而代之的是宛如现代音乐的探索、寻觅与断裂。无论是西奥多·W. 阿多诺（Theodor W. Adorno），或是爱德华·W. 萨义德（Edward W. Said），都对贝多芬的晚期创作无比着迷，因为那里潜藏的不是炉火纯青的成熟圆融，相反却充满了不确定性，互相冲突，甚至难以理解的复杂。在生命的最后 10 到 15 年中，贝多芬的创作显示出愈来愈多的矛盾、破碎，乃至灾难性的风格。失聪的贝多芬不再能听到自己的演奏，也不再考虑市场的感受。在他内心听觉的世界中，他纵横驰骋，天马行空，描绘出了一幅幅一个多世纪后才逐渐被人们认识到其价值的艺术杰作。

贝多芬晚期的创作核心，逐渐脱离取悦观众的创作手法，也不以出版销量为核心考量。贝多芬像现代职业作曲家一样，逐渐走向人类最隐秘、最深沉和最难以名状的地方。他不再希冀（也无法）听到观众们的掌声，他无法用自己的耳朵听见黑白琴键间的共鸣，他更是无视出版商"写得简单点吧"的请求。他的音乐越来越少地追名逐利，反而在作曲技法上遗世独立，悄然间超越了其所在的时代。在这个意义上，贝多芬像一个极度反常的特例一般，为我们展现了现代职业作曲家的核心特征：专注作曲，经济独立，努力摆脱观众和商业机构的束缚，从一名"艺匠"走向"艺术家"。

结语

在贝多芬去世以后，又经历了漫长的一个半世纪，作曲家和演奏家才基本分离。在现代的音乐学院中，作曲专业与演奏专业虽然联系仍旧紧密，但却已经有了明确且不同的职业发展道路。如果追本溯源，最具标志性的"分道扬镳"或许就是从贝多芬耳聋这一偶然事件开始的。虽然包括贝多芬本人在内的绝大多数时人都不会想到，就在不久的将来，作曲家和演奏家会渐次分离。从贵族赞助制走向市场化的作曲家们确实可以独立于教堂和贵族豪宅之外，依靠版税和作品上演而衣食无忧。

但贝多芬无疑走得更远。在他人生的最后十几年中，他不再以观众的掌声、出版商的好恶、音乐厅的商业考量为创作的唯一目标，而是在作曲技法的开拓性，以及听觉心理的革命性上痛苦但却自由地挥洒着才华。"悦耳"不再成为古典贝多芬或是浪漫贝多芬的标准。走向人性晦暗和煎熬深处的现代贝多芬不仅为我们预示了风起云涌的 20 世纪现代音乐，更是在 19 世纪初就将专属于职业化的现代作曲家的独立创作精神予以践行。在这个意义上，贝多芬是一个十足的特例：他从未想过要改变音乐家的职业世界，但他的一举一动却定义了一个现代概念上的职业作曲家。

45

CLASSICAL MUSIC

贝多芬与海顿——相爱相杀

文／伯樵

贝多芬第一次与海顿会面的具体时间已不可考。有学者认为是1790年圣诞节前后，海顿第一次出访英国，途径波恩。两位古典主义音乐的大师或许在那时相遇。但也有学者认为是1792年7月，海顿结束首次访英，在回维也纳途中再次路过波恩时，成就了两位大师的初遇。但无论何时，两位巨人初次相见时，无疑地位悬隔：海顿那时已是享誉欧洲的作曲家，而贝多芬还只是在波恩初出茅庐的小伙子。实际上，在乐界人脉深广的海顿早就注意到了贝多芬年轻时创作的《约瑟夫二世皇帝逝世康塔塔》(WoO 87)，并认可了贝多芬的才华。

无论如何，1792年7月——莫扎特去世半年后——贝多芬决定远赴维也纳，跟随海顿学习作曲。海顿也对贝多芬的到来表示欢迎。但到了维也纳贝多芬才发现，海顿是位社交达人，天天应酬不断，根本没时间教学。1792年12月，海顿给贝多芬上了第一堂课，还收了贝多芬8格罗申。之后的一个月内，贝多芬难得见到海顿几次，却仍要给老师买咖啡和巧克力。

无疑，贝多芬对此是不满的。不过，贝多芬迅速在"音乐之都"维也纳找到了解决方案：找其他老师学习作曲。1793年，他开始和约翰·巴蒂斯特·申克（Johann Baptist Schenk）学习对位法。慑于海顿在业界的威望，申克要求贝多芬对上课的事三缄其口。但也有学者怀疑贝多芬找申克上课的故事是后者编的，原因是他想借贝多芬的名望招徕更多的学生。

1794年1月，海顿第二次访英。访英之前，盛传他会携自己最有才华的年轻弟子贝多芬随行，但事实上海顿最后还是把贝多芬留在了维也纳，自己远赴伦敦一年。不过，这次海顿至少给弟子找了一个"替补"老师：圣斯蒂芬大教堂的乐长约翰·格奥尔格·阿尔布雷希茨贝格（Johann Georg Albrechtsberger）。圣斯蒂芬大教堂是天主教维也纳总教区的主座教堂，莫扎特生前也期望过这座重要教堂的乐长之职。可以说，海顿给贝多芬找的这个老师相当靠谱了。但才华横溢的贝多芬对待阿尔布雷希茨贝格相当傲慢，两人的关系之后差到经常会私下讽刺对方。日后阿尔布雷希茨贝格的侄子穷困潦倒时，贝多芬对故人之侄还是有所资助的。虽然贝多芬受海顿亲炙不多，但在作曲上他确实从后者那里受益良多，尤其是对曲式比例的概念，贝多芬完全继承了海顿对作品结构的理解（尤其是在四重奏和交响曲领域），并在自己之后的作曲生涯中，将结构比例手法运用得炉火纯青。虽然海顿二次访英回来之后再也没有亲自给贝多芬上过课，但那时的贝多芬已经逐渐成长为一名成熟的作曲家了。

1795年7月，贝多芬出版了自己的第一部编号作品——三首《钢琴三重奏》。其中的第三首作品是《c小调钢琴三重奏》。贝多芬信

心满满地准备迎接来自公众的掌声，但海顿却大泼冷水，因为他觉得公众不会理解和接受这部作品。贝多芬对此大为恼怒，觉得老师是忌妒自己，怕自己声名鹊起后会动摇"恩师"的地位。而另一种说法则认为，海顿觉得自己会成为贝多芬第一部出版作品的题献人，但贝多芬最终却把"题献"的荣誉给了赞助人里希诺夫斯基亲王。之后，海顿多次希望贝多芬在出版第二号作品时称自己为"老师"。虽然贝多芬表达了对海顿的感谢，却只字不提"老师"二字，这也让海顿异常恼火。

饶是这样，海顿仍然待贝多芬不薄：他将贝多芬介绍给与自己相熟的贵族赞助人，与贝多芬联手"欺骗"科隆选帝侯来为后者争取更多的年金，即便两人关系紧张之后，他仍邀请贝多芬在自己的演奏会上演奏——这也被时人视为海顿仍将贝多芬列于门墙之中的表示。但两人私下关系却依旧紧张：贝多芬脾气暴躁，不修边幅，于是海顿称贝多芬为"大子弹"或"大莫卧儿人"；而贝多芬则觉得海顿并没有用心教自己，对外声称没从海顿那里学到什么（其实贝多芬非常爱研究海顿的作品）。

保罗·克利（Paul Klee）《抽象三重奏》© 美国大都会艺术博物馆

纪》（Hob.XXI：2）的特别演出，以庆祝作曲家的 76 岁生日，贝多芬出席了这一盛世。彼时，海顿的身体已极度虚弱，只能在医生的许可和陪同下勉强参加活动。海顿全程发抖，以至于尼古拉斯·艾斯特哈齐亲王（Nikolaus II Esterházy）及其他贵族将自己的披肩盖在海顿身上。中场休息时，海顿因身体吃不消只能离场，贝多芬冲到海顿面前，单膝跪地亲吻了海顿的面颊和手。在那一刻，两位大师终于冰释前嫌。一年之后的 1809 年，在拿破仑进军维也纳的炮火声中，海顿与世长辞。

1827 年 2 月，贝多芬去世前一个月，出版商安东·迪阿贝利（Anton Diabelli）为贝多芬带来了一幅裱好的描画海顿出生地的油画，但制作铭牌的人却将海顿（Haydn）的名字拼写成了"Hayden"，对此贝多芬非常生气。但他还是高兴地让人将它挂在墙上，并感叹道："看看这小房子，多么伟大的人出生在这里啊！"贝多芬逝世（3 月 26 日）半个月前的 3 月 8 日那天，作曲家约翰·尼波默克·胡梅尔（Johann Nepomuk Hummel）来访，已经病入膏肓的贝多芬还向老友展示了这幅油画，怀念了恩师许久。在人生的最后时刻，古典主义音乐的集大成者终于在真正意义上完成了对于古典主义风格开创者的最终和解。

1796—1803 年间，两人关系逐渐恶化，渐渐到了"老死不相往来"的地步。但最先做出让步的，无疑是海顿。1803 年，他托朋友给贝多芬一份唱词，征求后者的意见——这无疑是求和的橄榄枝，两人的关系开始回暖。那时的贝多芬已经在作曲领域走出了属于自己的道路，其创作和演奏都得到了全面的社会认可。同时，他还有着稳定的社交圈子和赞助人，经济上非常优渥。社会地位和艺术地位逐渐能够与海顿"平起平坐"的贝多芬，对故人也有了几分温存。1808 年 3 月 27 日，爱乐者音乐会组织了海顿《创世

Conversation

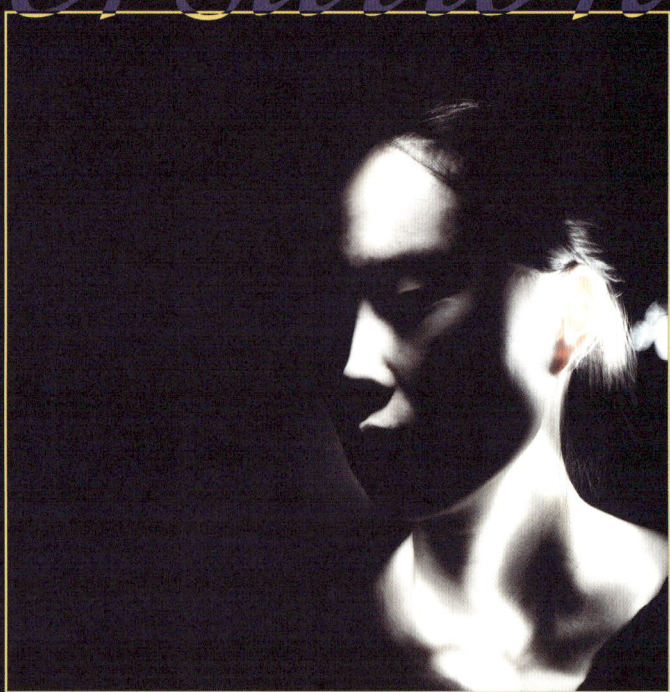

上：卢卡斯·赫费尔曼—科佩尔，下：吴仪曜
© Lukas Hövelmann-Köper

夜话贝多芬
——一对音乐家夫妻的音乐漫谈

对谈人 /

吴仪曜，音乐学者

〔德〕卢卡斯·赫费尔曼—科佩尔（Lukas Hövelmann-Köper，简称"卢卡斯"），作曲家

吴仪曜：你怎么看待贝多芬？

卢卡斯：在公众视野中，对贝多芬的评价应当是没有争议的。与莫扎特和巴赫一样，他是古典音乐的大人物，怀疑他们在音乐史上的重要性几乎是对自己的一种侮辱。有意思的是，据我所知，虽然贝多芬在世时，其在音乐领域的地位已是前无古人，但他同时代的人对他的作品并不像今天这样毫无保留地给予赞赏，尤其是一些晚期作品，如《第九交响曲"合唱"》《大赋格》等。反倒是今天，要想找到一个质疑《第九交响曲"合唱"》价值的人，肯定要难得多。从格伦·古尔德（Glenn Gould）批评莫扎特的例子就可以看出，这样的质疑很可能会引起人们的困惑与批评。

很明显，听众对于《大赋格》这部作品的批评和忽视使得它长时间位于贝多芬作品演出次数的末位，但也是这部争议颇大的作品，给予了诸如斯特拉文斯基等现代作曲家特殊的影响。你呢，你喜欢贝多芬吗？

吴仪曜：毋庸置疑，他开启了西方古典音乐进入中国的先河。他是第一位被介绍给中国公众的西方作曲家。如果没有李叔同大力推崇贝多芬，如果没有傅雷翻译《贝多芬传》，如果没有《第六交响曲"田园"》在中国的首次演出，中国音乐教育和音乐欣赏的进程会慢很多。据我所知，毛泽东和周恩来也非常喜欢贝多芬的交响曲，所以中国人民也大胆地喜欢上了这位不屈不挠的奋斗者。

但我个人不喜欢他，这完全是基于我作为演奏者的学习经历。从我记事起，每次弹贝多芬的作品时，老师都说我弹得不好，要么力气太小，要么起伏不够……我觉得这是因为演奏贝多芬的作品时，需要一种不同的弹奏技巧——很多人认为李斯特是第一个扩大钢琴音域和音响的作曲家，但我认为贝多芬才是。贝多芬的钢琴写作不像巴赫或莫扎特那般，作品几乎拥有管弦乐的架构，强弱变化也比以

往作品要大得多。当然，这很大程度上是基于当时槌击键琴（Hammerklavier）使用量的增加。所以说，我认为贝多芬为李斯特或肖邦在钢琴作品上的辉煌开辟了道路；他的作品同时还要求钢琴家在音乐上也要转变自己的观点，去理解那里面不同于莫扎特时期的表达和变化。

卢卡斯：所以说，从贝多芬开始，钢琴演奏开启了它的新纪元？

吴仪曜：可以这么说。一方面，这对钢琴演奏的浪漫主义发展有非常积极的影响，因为浪漫化的演奏所需要的能力和技巧在一定程度上是更多样的。但同时，他的钢琴作品在演奏上的浪漫化趋向是如此的主导，以至于现在，很多钢琴家甚至完全不接触除了浪漫派以外的其他作品了，也有演奏者演奏早期的古典乐曲和巴洛克乐曲也以同样的、夸张的方式，在最大限度使用踏板等情况下，使得整首乐曲听起来十分做

舒曼

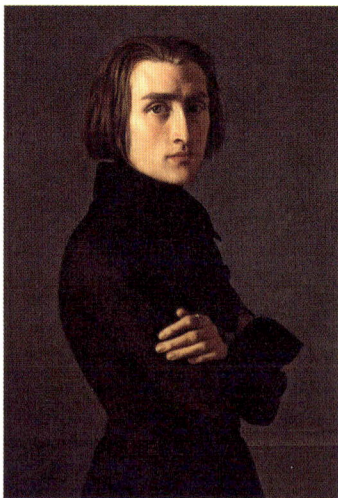

李斯特

勃拉姆斯

作。这样的演奏趋势，把感情的合理性放在音乐的原则性之上，使得音乐家们在不理解乐曲的情况下妄自揣测作曲家的意图加以演绎。再比如，现代钢琴比赛中，李斯特和肖邦的作品是最抢手的选择，因为它们大、难，听起来"爽"。但在演奏方式上，一首巴赫或莫扎特的作品，如果用适当的方式演奏，在我看来，是要比演奏浪漫派的作品更难的，但这需要一种成熟而个性化的音乐理解。也许，像古尔德这样的钢琴家，放到现在，出人头地的可能性比 20 世纪中叶要小得多吧。

我比较好奇的是，作为一个当代作曲家，你如何看待贝多芬的影响？

卢卡斯：首先，我觉得他对乐思的解放，以及运用乐思在一个乐章甚至是整部作品中的发展，是非常具有开创性的。这种从单一的想法或动机单元中构建出一整首乐曲的技巧并不完全是贝多芬首创的，巴赫已经在其写作中大量运用这种技法了。尽管如此，贝多芬是第一位把这种技法进一步提炼发展，并把它作为曲式构建的核心元素的作曲家，这对于音乐写作在未来的发展是至关重要的。

其次，他在音乐上的创新和拓展，比如对管弦乐形式的拓展，以及在时间和空间维度上对交响乐形式的拓展和完善，甚至使得之后的作曲家在他们的创作上遇到巨大阻碍。忽然间，没有人能够再

写出不以贝多芬的交响乐为范本的交响乐了。于是两条几近相反的道路由此形成：一条继续模仿，一条另辟蹊径。模仿者要算上门德尔松、舒曼、勃拉姆斯、布鲁克纳和马勒等人。他们的作品本身很好，但除了马勒和布鲁克纳外，其他人所能进行的创新都相对边缘化。而另辟蹊径的这条路线孕育的则是交响诗，它试图用音乐以外的主题为交响乐注入新的生命力。由李斯特起头，被理查·施特劳斯发扬光大。

两条路线在马勒和理查·施特劳斯的同一时期达到巅峰。当然，后来的许多作品，从斯特拉文斯基到菲利普·马诺里（Philippe Manoury）的作品，都可以被归入两条路线其中之一。时至今日，这种分离的情况已经完全消除了。

吴仪曜：另辟蹊径的路线似乎可以归之为"标题音乐"路线，那《第六交响曲"田园"》算标题音乐吗？

卢卡斯：不算，尽管贝多芬的作品经常被音乐之外的主题所解释，比如《第三交响曲"英雄"》中的拿破仑轶事，《第五交响曲"命运"》中的敲门声等，但把贝多芬的作品等同于标题音乐对我来说是有点刻意了。事实是，关于敲击命运的轶事极有可能是后人编造的，而关于《第三交响曲"英雄"》被取消献给拿破仑的轶事也很可能和其他的原因挂钩，而不单纯是贝多芬个人的政治理想。在贝多芬的作品中，对音乐以外概念的运用可能只是对自然元素的模仿，比如《第六交响曲"田园"》。他曾以此曲为例指出，"音乐应该给予听众空间去寻觅属于他们的真相，因为音乐之于写实绘画而言，更多的是情感的表达，而不是试图逼真地模仿。"

像我之前说的，真正的标题音乐起始于李斯特。李斯特所开创的"交响诗"在德语中被称为"Tondichtungen"，算是一种音乐与诗作的结合，每部作品都有叙事的内容。比如理查·施特劳斯《阿尔卑斯交响曲》(Op. 64)：沿着山脚下的小路，从山脚走到山顶再折返，沿途有瀑布、冰川、暴风雨，最后又像开始时一样，回到黑夜。这些内容时刻都在音乐上得到体现，作品也被认为是象征了一个人的一生——从上山到下山。不过由于理查·施特劳斯的大部分交响诗都以形而上学或哲学思想为引导，也有人认为作曲家受到尼采的感召，用《阿尔卑斯交响曲》去写尼采笔下的另一本著作《反基督者》。因而，理查·施特劳斯的这部作品和《查拉图斯特拉如是说》也有相近的

联系，因为两曲都受尼采的著作启发。

吴仪曜：你觉得贝多芬会赞同后辈们对标题音乐的发展吗？

卢卡斯：可能不会。贝多芬是典型的被过度评论的音乐家。如今在艺术作品解读中，艺术家的生平事迹和个人信仰是一定会被拿出来作为借鉴材料的，这一现象不仅仅在音乐领域发生。用特定的方式来诠释特定的作品当然无可厚非，比如《第九交响曲"合唱"》，观众可以根据席勒的诗作来理解音乐。在大多数情况下，给予音乐本身以外的主题或概念会减弱听众对于音乐本身的兴趣，以及可能产生的多样化理解。

理查·施特劳斯

尼采

我认为，创作者没有权力削弱听众对作品的解释权。遗憾的是，在当代艺术中，创作者几乎是强制性地把观众捧在手心，手把手地告诉他们要如何阐述作品。这样一来，观众也可以免去负担，接受已经存在的定义。如果我的脑海中对《第五交响曲"命运"》有着和"命运"及"敲门声"无法割断的联系，那么一定程度上，这首作品对我来说很难产生新的意义。而正如前面所引用的贝多芬原话，我相信贝多芬对于标题音乐的态度也会是质疑多于认可的。

<u>吴仪曜</u>: 难道读者没有权利知道作者的意图吗？

<u>卢卡斯</u>: 我觉得很可能在我们还没听到或看到一首作品之前，就会被艺术家所给予的标题或解读所迷惑，在这之后，再用自己的逻辑来重铸作品，难度很大。这就像看过了电影再去看原著一样，脑海中总是存在着电影人物的样貌或者是口音。通常情况下，拥有解释作品的自由会令很多人感到不愉快，因为我们在一方面会承认自己确实阅历不够，另一方面还要为自己好不容易想出来的解释进行辩护。

正如罗兰·巴特（Roland Barthes）所说："读者的诞生是要用作者的死亡来交换的。"

标题音乐和观念艺术标榜自己能够带领听众通过音乐来理解文化或者哲学层面的议题。但这需要的不仅是创作者杰出的创作技巧，更重要的是，每个人对于不同符号和音乐元素的理解都带有极强的个人色彩和文化关联。作者在创作过程中使用各种象征来组织自己的艺术作品，他的材料和象征手法都是个人化的，他对这些材料的选择是由文化背景、个人经历等多种因素决定的。但是，我们完全没有理由认为同样的符号会对另一个人产生同样的意义，不同文化语境下的个人是不会对同一首作品产生完全相同的理解的。

比如，"红色"和"8"的组合对大多数中国人来说是非常积极的；但对于很多欧洲人来说，这样的组合不见得有任何意义。尼采称这一现象为"多重隐喻"，认为不把原来的对象多次重新拆分成符号，就无法与人交流。就好像当我们谈论纯音乐时，不同音阶、不同调性也会使人产生误解，比如 d 小调和弦的音乐意义完全会因为语境和音调的不同而变化无穷。

马勒画像，埃米尔·奥尔利克（Emil Orlík）作于 1902 年

勋伯格画像局部，理查德·格斯特尔（Richard Gerstl）作于 1905 年 6 月 © Wien Museum

可能在历史发展中，有一些符号或者音乐元素有它自己的明显的特质，例如小鼓声和军队音乐之间的联系。在这一点上，我认为音乐并不像人们常说的那样，是人类共通的语言，看看甘美兰音乐（Gamelan）就知道了——它们用听起来极其悲伤的音乐来辅助庆典活动。所以，对我来说，音乐作为通用语言这种说法是对音乐本身的限制。毕竟，没有符号和交叉引用，音乐就无法传达。但归根结底，用高度个性化和文化特定的符号来解释音乐主题，或是总体来说大众对艺术家的盲目崇拜，我认为是与时代发展脱节的。

吴仪曜: 说实话，贝多芬作为作曲家，在当今这个时代能否存活都是一个问题。我们这个时代，古典音乐听众的品位与受教育程度与贝多芬时代有很大不同。在他的时代，要想成为古典音乐的听众，必须要有一定的知识，必须要身处上流社会或把自己归类为"上流社会"。这不是说普罗大众无法欣赏古典音乐，而是普罗大众没有这个音乐欣赏背景和资金去熏陶自己。但是古典音乐发展到今天，观众非常容易接触到各种各样的作品——一首肖邦夜曲，在网络上搜索，可能两秒后就可以为你播放。这样的便捷性使得欣赏古典音乐变得不严肃，不认真。观众由此非常容易拥

有评价的权利，非常容易将自己的喜好等同于作品的质量。显而易见，观众不喜欢现代作品，不喜欢当代作品，所有的当代作曲家对于九成以上的古典音乐听众是完全陌生的，好像是另一个领域在发生一些他们完全不关心的事。这样的情况下，我们也都知道，当代的标题音乐发展等于是半停滞的，因为观众太少，作品演出次数太少，音乐家基本靠政府资助过活。所以，在这种变化了的环境下，我觉得贝多芬作为一个作曲家可能根本就无法生存，自然也考虑不了标题音乐的发展了。

卢卡斯: 如果说到时代，我们常说的"由贝多芬开启的"浪漫主义时代就是对贝多芬的"反叛"和延续。这在舒伯特、门德尔松或舒曼的作品中表现得尤为明显，就连肖邦和每一位跟随他的作曲家也不例外。同样的影响，在巴赫这里也是如此，或许更强烈和持久。如果要说贝多芬最为间接的影响，可能是他对十二音体系的启蒙。十二音体系本身就是一个巨大的动机体系，是一连串乐思的持续，是贝多芬思想的延续。贝多芬首先开始使用动机发展扩张整个曲式，之后，勃拉姆斯和马勒进一步传承。在这种情况下，动机在变化，以至于动机的变体也可以作为额外变化的基础，

这可以理解为不断分裂的细胞。这样的写作技法,在后期其他作曲家的作品中我们也可以频繁看到,比如拉威尔等。至于十二音体系的鼻祖勋伯格,他倒是没有经常谈论贝多芬,但他却承认深受勃拉姆斯影响。在 1947 年的《进步者勃拉姆斯》一文中,勋伯格最看重的勃拉姆斯作品中的那些发展元素,是勃拉姆斯从贝多芬和莫扎特那里撷取和重新定义的。

在勋伯格和奥斯卡·柯克西卡(Oskar Kokoschka)的来往信件中,柯克西卡提到"贝多芬的《大赋格》是孕育你的摇篮"(Your cradle was Beethoven's *Grosse Fuge*)。这里,十二音体系被说成是《大赋格》中的一个序列。追本溯源,十二音体系技法或是音列甚至可以在巴赫的作品中找到,如《平均律键盘曲集》中的《a 小调前奏曲》。勋伯格之后,皮埃尔·布列兹(Pierre Boulez)和卡尔海因茨·施托克豪森(Karlheinz Stockhausen)的序列主义(serialism)延续和拓展了这一技法,他们将音乐中的每一个参数都归纳到一个系列中。在很大程度上,巴赫和贝多芬是这一运动的"奠基石"。

吴仪曜:人们都说贝多芬晚期作品如何超越时代,但是 20 世纪德国哲学家阿多诺却对贝多芬晚期作品意见颇深。

卢卡斯:必须指出的是,阿多诺并没有完成他这部伟大的"贝多芬评论作品",尽管这部作品很私人。阿多诺认为贝多芬的晚期作品充斥着形式主义和陈词滥调,阿多诺以近乎讽刺的方式将它们叙述出来。但事实是,不仅仅是贝多芬,整个魏玛古典主义都充斥着某些"陈词滥调"。一般来说,这些"陈词滥调"指的是一些特定音乐元素被过于频繁地使用。但这些元素都是作为音乐的"零件"而出现的,它们存在的目的是为了让听众清楚地了解某些形式和信号。比如,莫扎特奏鸣曲第一乐章的最后几个小节,总是有着近乎一致的音乐形态。

对于过去熟知这些规矩的听众来说,这些"陈词滥调"实际就是一个个明显的信号:这部分完成,一个小信号,准备下一部分;看似多余,因为它们不包含什么创意,但它们其实相当有帮助。因此,在魏玛古典主义中,每个作曲家都会平等地使用其中的某些"信号",遵循这些规矩,但这并不表示作曲家们意识不到这些规矩的存在,莫扎特的《音乐玩笑》(K. 522)就是个很好的例子。也由此,这些规矩在今天看来很多都与古典音乐有着密切的联系,以至于如果有人使用它们,就会立刻被理解为他们是在借鉴或者讽刺古典音乐。

还有人认定贝多芬晚期的作品过于保守,因为作曲家越来越多地使用赋格等旧有形式。而他们却忽略了贝多芬晚期作品具有极强的进步性——他运用旧有形式的写作更多的是指向未来,而不是指向过去。

吴仪曜:阿多诺作出这种判断是因为他并非作曲家?

卢卡斯:就阿多诺而言,他的许多分析,比如对勋伯格和斯特拉文斯基的分析,很大程度上受到了他本身哲学和社会学信念的牵连,这也是大多数知识分子的情况。他所属的法兰克福学派(Frankfurter Schule)萌发于社会大变革时期,对美国的娱乐业进行了激烈的抨击,指责它们愚弄大众,以金钱至上的理念试图分散大众的注意力,使大众丧失政治理念和信仰。而贝多芬作为一个"反叛的"作曲家,极有可能受到了法国大革命的强烈影响,同时,作为一个作曲家,贝多芬不再为娱乐教会或侍奉贵族而创作,而是为自己和自己的艺术理想,甚至是政治理想而创作。光是这一点,就足够引起阿多诺的重视。贝多芬这样一个历史人物形象,可以说是与阿多诺的世界观无缝对接的。在阿多诺看来,贝多芬是少有的革命者,他对奏鸣曲这一曲式的改变作出的贡献无与伦比,比如对展开部的无限扩大以摆脱陈旧的曲式框架,这在很大意义上来说是对资产阶级社会及其墨守成规思想的批判。同样，贝多芬还被认定为是拥有政治标准的音乐家，是第一个革命者，但是这样的解释在历史上是站不住脚的。

吴仪曜：难道贝多芬不是革命者吗？

卢卡斯：在贝多芬的青年时期，随着法国大革命的到来，欧洲的政治和社会发生了巨大的变化。虽然这种变化在法国的邻国——德国——姗姗来迟，但它确实突然改变了当时的社会风气。特别是当人们考虑到贝多芬的音乐，以他在音乐领域的革命态度时，往往会把贝多芬的政治和人文信念作为传记性的事实，而历史文献中的记载却要含糊得多。可能在贝多芬成年初期，人们可以轻松地找到一些支持这种政治态度的文献，但随着他的不断成功，他的身边围绕着维也纳的资产阶级，年轻时的信念也就相对模糊了。

吴仪曜：我们说回到标题音乐，它与有歌词的流行音乐有本质区别吗？

卢卡斯：古典音乐"难"以赏析可能在于它具有很强的矛盾感。情绪的存在和起伏不是单一的，比如我要把德彪西的乐曲理解成"我很快乐或者我很悲伤"，几乎是不可能的。古典音乐的生命就来自于这样矛盾的印象，整个奏鸣曲式就是建立在两种截然相反的思想基础之上的，在展开部中或多或少相互对峙着。而在流行音乐中，通常词作者会在主歌部分引入对比的思想，但在副歌中又立即消解。这也不一定是坏事，因为这些体裁都依赖较强的文字内容，而大部头的古典音乐和爵士乐则不是这样。

另一方面，流行音乐几乎都是以完全概念化自己的方式来进行营销。大多数时候，流行音乐所要传达的想法并不很复杂，或者说就算它们很复杂，媒体也会将它们简化。如果你想要证明自己的叛逆，你要去听滚石乐队（The Rolling Stones）；如果你是文艺青年，披头士乐队（The Beatles）可能是不错的选择；如果你想要做愤青，那就要去听鲍勃·迪伦（Bob Dylan）；如果你是知识分子，坂本龙一可能是你的选择吧。

滚石乐队 © Les Zg

披头士乐队

鲍勃·迪伦与琼·贝兹（Joan Baez）

坂本龙一 © KAB America

阿沃·帕特（Arvo Pärt）© Birgit Püve

我不解的是，如今坂本龙一这么火，他和贾斯汀·比伯（Justin Bieber）有什么不同呢？因为在我看来，他们的作品在音乐的复杂性上差不多，但又很难将他划入古典或流行音乐家的范畴。

吴仪曜：坂本龙一作为音乐家或作曲家，其创作水平绝对是被高估了的。在我看来，同为电影音乐创作人，久石让在音乐方面有着更多的专业知识和创作功底。电影音乐就是这样，有人可以写出很好的电影音乐，却不需要拥有专业作曲家的技巧。他们运用简单的和声进行，用电脑合成古典音响，大部分的工作就完成了。电影音乐和严肃音乐的创作需要不同的套路和技巧。另外，大多数电影音乐作曲家都不会给自己的作品编曲，包括坂本龙一。他作为一个公众人物，是非常聪明的，他知道自己被认为是一个异类，他知道自己的标签是"高级"的。这可能和他所合作的导演或者是音乐人有关系，更何况，他还有一座奥斯卡奖杯。所以，他被大家认为是具有灵性的音乐家，是关心人类的音乐家。他也这样宣传自己。他

将自己的音乐与当代政治题材联系起来的方式是很成功的。这就好像许多的流行音乐乐手会将他们的歌曲冠上女性主义或者环境保护的标签，听众分享他们的歌，等于分享一种政治态度。坂本龙一将自己的音乐与当代政治题材联系起来的方式，在我看来太过算计，太过不真诚。坂本龙一的整个包装，从封面、外观，到他参与的电影，这一切都很适合我们的"照片墙"（Instagram）时代。

如果他与贝多芬站在同样的历史背景下，没有媒体和广告的宣传，纯粹是乐谱上的和音乐会中的音乐，他还会被人关注吗？我觉得他是一个包装的高手，利用我们前面所说的标签，同时做到在音乐上简单易懂，毫无棱角。他所说的实验音乐，比如摆弄琴弦、收集水声等，其他音乐家已经做了几十年了，可能最早的是埃里克·萨蒂（Erik Satie）或约翰·凯奇（John Cage）。但听众并不了解这段历史，他们认为，哦，这才是真正的音乐，坂本龙一才是真正的音乐家。

卢卡斯：最近有一本由坂本龙一选编的有关贝多芬作品的乐谱出版物。坂本龙一和鲁多维科·艾诺迪（Ludovico Einaudi）这样的音乐家能够或正在为古典音乐的普及和发展作什么贡献呢？

吴仪曜：古典音乐不是轻音乐，不是流行音乐，不是朗朗上口的儿歌，所以，坂本龙一和艾诺迪所做的并不是真正帮助古典音乐，而是造成了听众对古典音乐的错误概念。有人在钢琴上演奏乐曲，并不意味着他演奏的就是古典音乐，所以，人们对现在的古典音乐有一种扭曲的认识。这样的作曲家把人们的焦点从当代古典音乐的现场转移。听众的印象是，这种音乐是贝多芬和巴赫所在时代的古典音乐的合法延续，是合理的发展，我们应该聆听和传播它们。这并不奇怪，很多人都不知道现在仍有作曲家在创作真正的"古典乐"。也许，这些伪古典音乐家的数量与日俱增，揭示了人们对于纯音乐仍有庞大的兴趣，但类似坂本龙一、艾诺迪、阿沃·帕特、迈克尔·尼

曼（Michael Nyman）和菲利普·格拉斯（Philip Glass）的一些作品好像完美地填补了这个空间，使得其他作品无缝可钻。

卢卡斯：这些作曲家和"死去的"古典音乐似乎填满了广义古典音乐的空间。你认为古典音乐的大力推广和古典音乐教育的全方位普及是积极的吗？

吴仪曜：如果音乐教育能跟上古典音乐的发展，那确实是积极的，但现在，听众要理解和欣赏现代和当代音乐，所需要的教育资源是非常巨大的。他们不仅仅需要拥有一定的欣赏水平、聆听经验、音乐知识，更重要的是保持一种十分开放的欣赏态度，还要时不时地对自己的音乐知识产生怀疑。我们知道流行音乐在音乐上的发展也是原地踏步的，听众没有真正的渠道去学习和拓展他们的音乐视野。可能他们唯一能做的就是自己去探索这些领域，但在这个喜好被左右的时代，可能听众需要具有十分的自主性，才能够真正地打破"听音乐"的束缚吧。除此以外，就像你前面说的一样，所有人的音乐喜好都是贴在自己身上的一个标签，所以，听什么音乐，分享什么音乐还是谈论什么音乐，都被大家当成"自我表达"的途径之一，就好像贾斯汀·比伯的听众很大程度上和贝多芬的听众不会有什么共同语言一样。那么，听众想要把自己归类于什么样的群体，就会选择什么样的音乐，这也在很大程度上限制了人们的选择。要想发现不同的音乐，听众就必须走出固化思维，尤其不要排斥不同类型的作品。

原稿为英文，翻译略有出入。

菲利普·格拉斯 © Pasquale Salerno

约翰·凯奇

古典的 浪漫的 现代的 田园

——试论《第六交响曲"田园"》演奏的时代精神

文 / 赵毅敏

1808 年 12 月 22 日，正值维也纳最冷的时候，维也纳河畔剧院（Theater an der Wien）内却坐满了观众。这晚的音乐会长达三个多小时，观众们耐心地坐在没有暖气的演奏厅里，听完一整场贝多芬首次对公众展示的作品，曲目包括他的《第五交响曲"命运"》、《第六交响曲"田园"》（以下可别称《"田园"交响曲》《第六交响曲》《田园》）、《合唱幻想曲》、《第四钢琴协奏曲》、《C 大调弥撒》中的《圣哉经》和女高音咏叹调《啊！负心人》。虽然《第四钢琴协奏曲》于 1807 年 3 月在维也纳洛布科维茨宫殿（Palais Lobkowitz）就已演出过，但大部分观众都是第一次听到。这是贝多芬最后一次作为独奏家在公众场合与乐队合作演出，那晚的音乐会也成为整个音乐史上最不同寻常的事件之一。通过这场音乐会，可见贝多芬对当时维也纳观众的吸引力之大。贝多芬于 1792 年 12 月离开故乡波恩，前往维也纳发展，不到三年时间，就成了维也纳最受欢迎的兼作曲与演奏于一身的音乐家。

《第四钢琴协奏曲》尚未完成时，出版商霍夫迈斯特和库内尔希望与贝多芬签署一份三年合同，买下他在这期间所写的一些作品。贝多芬为这首协奏曲和其他作品开出300弗洛林的高价，最后因为价钱谈不拢而不欢而散。可后来，贝多芬将这个时期的作品卖出的价钱远超这个数。委约贝多芬创作《第四交响曲》和《第五交响曲"命运"》的弗朗茨・冯・奥珀多夫伯爵（Franz von Oppersdorff）为这两部作品支付了1000达克特。伦敦出版商穆齐奥・克莱门蒂又支付了260英镑，约合2600弗洛林，取得这些作品在伦敦的出版权。之后，贝多芬又迅速拿这些作品在维也纳卖了1500弗洛林。当时一个牧师一年的收入大约是4弗洛林，可见贝多芬当时的收入远超一般人。虽然其主要资助者之一艾斯特哈齐亲王并不喜欢贝多芬的《C大调弥撒》（Op. 86），里希诺夫斯基亲王觉得有必要停止向贝多芬提供年俸，但贝多芬仅凭作品的版税收入也足以过上衣食无忧的生活。

是耳疾，把贝多芬塑造为我们所知的贝多芬。听力的日益下降越来越困扰着他。他的学生费迪南德・里斯（Ferdinand Ries）于1801年去海利根施塔特拜访他时，他说："我让他注意听牧人在林中用小接骨木树枝做成的笛子吹出的悦耳旋律。半小时之久，贝多芬一点儿也没有听到，尽管我安慰他说我也没有听到（事实并非如此）。他变得极端沉默寡欢。他偶尔心情轻快，却又往往达到胡闹的程度，但这是少有的。"贝多芬痛苦得想自杀。他在1802年10月6日和10日给他弟弟卡尔的两封信——现称为《海利根施塔特遗嘱》（Heiligenstädter Testament）——里写道：

注：

达克特（Ducato），意大利威尼斯铸造的金币，1284—1840年间发行，近似足金。

有关贝多芬收入的资料选自埃德蒙・莫里斯所著《贝多芬传》，2014年译林出版社出版，第106至108页。

有关海利根施塔特的佚事选自《贝多芬论》，人民音乐出版社出版，第114页。

威廉·富特文格勒画像，
埃米尔·奥尔利克（Emil Orlík）作

哲学，以及他获得救赎的源泉，是其生平最令人感动的一篇自白。

那场著名的首演音乐会上，《第六交响曲"田园"》和其他作品的一同亮相，是贝多芬"英雄时期"的终结，也是他下一时期的开始。这部交响曲描绘一次维也纳郊外的自然旅行：从初到乡间，感受田园各色的景象，包括贝多芬当时实际上已经听不到的溪水声和鸟鸣声，到遭遇电闪雷鸣的暴风雨，继而雨后放晴，他从自然中得到感召，最后完成自我救赎。在这部交响曲中，贝多芬进行了很多创新和突破。整部作品不全是对大自然白描式的记载，也不全是自己主观心情的记录，而是有如意识流般的写作，夹叙夹议，从外在的描绘转化成内心升腾出的强烈感受。

"啊，世人呀，你们想象或把我说成一个乖戾、刁顽、愤世嫉俗的人，你们多么亏待我啊！你们没有看到一个隐藏的原因，是它令我表现成为你们所说的那副样子。……当我发觉站在身边的人能听见远处的笛声，而我一点儿也听不见，或者他听见牧人歌唱，我仍然什么也没听见，对于我来说，这是多大的耻辱啊！这些烦琐的事把我逼向绝望，再逼一步，我只好结束自己的生命了——全靠我的艺术把我挽救回来。……我对卡尔弟弟最近表示的善意特别感谢。我祝愿你们生活得比我更优裕，更自由。要教育你们的孩子们有道德心；唯有道德才能使他们获得幸福，这是金钱买不到的。……凭借德行与艺术，我才免于轻生……"

这封遗书中，贝多芬作出清晰的自我剖析，言明他的人生支柱和

记得第一次听到德国指挥大师威廉·富特文格勒（Wilhelm Furtwängler）在 1943 年指挥维也纳爱乐乐团演奏的《田园》录音时，最后一个乐章处，感受到贝多芬已走出之前"与天斗、与地斗、与人斗"的精神状态，转而以一种近乎虔诚的姿态，对大自然，或者造物者，或者称为上帝的存在表达敬畏和感恩。对于这种理解，不少人会不接受，贝多芬怎么会成了基督徒一般的人？就好像晚年的牛顿痴迷炼金术一样，唯物主义者更愿意视他为走火入魔。实际上牛顿毕生都在探索世界运行的法则，他研究炼金术并不意味着他背离科学。同样，贝多芬从《"田园"交响曲》开始表现出对大自然或造物者的拜服，并不意味着他对之前自己的彻底否定，反而，他得以摆脱自我意识的过多羁绊，无须再依赖强烈意志去

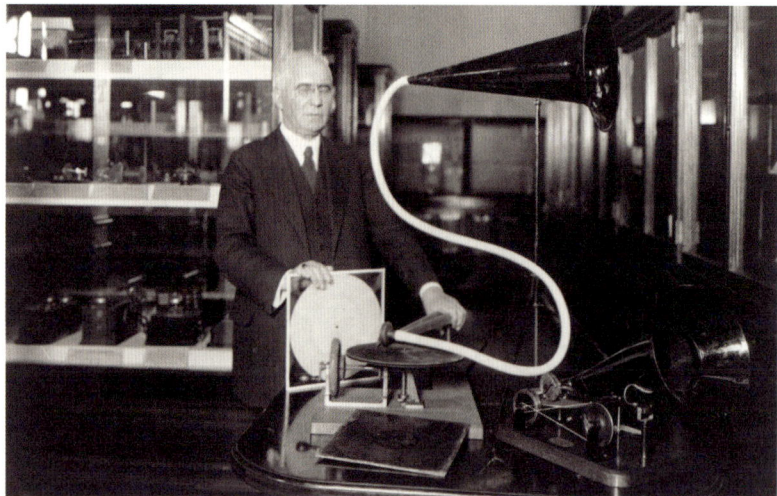

Arthur Nikisch

BEETHOVEN
SYMPHONY No.5
SYMPHONY No.6

The Royal Philharmonic
Society Orchestra

FELIX WEINGARTNER

证明自我存在，使他到了后期更坦然地流露对世间万物的敬仰。从那时起，贝多芬作品中签名式的"英雄时期"风格已经开始大幅度减少，进入到他晚期与浪漫主义交接过渡的风格阶段。那时，贝多芬内心应该是有了信仰，而这种信仰用何种称呼是没有什么关系的。

在贝多芬身后，欧洲乃至全球发生了翻天覆地的变化——一个城市几百年如一日的景象于欧洲不再。古典音乐界经历的惊心动魄的浪漫主义，没能被录音科技记录下来。对于贝多芬作品诠释的发展，只能付诸文献和评论去揣摩其真实面貌。至少有一点可以肯定：浪漫主义风格全面进入到贝多芬作品的演奏之中。《"田园"交响曲》的演奏形式和风格，在贝多芬去世50年后，与他在世时已大相径庭。

爱迪生发明了录音技术，之后德国人埃米尔·柏林纳（Emile Berliner）发明了作为唱片载体的圆盘唱片，录音技术得以发展为商业乃至工业。历史上第一个记录一部完整交响曲的录音是1913年阿图尔·尼基什（Arthur Nikisch）

指挥柏林爱乐乐团演出的贝多芬《第五交响曲"命运"》，当时录音技术仍处于试验阶段。现在有人取笑当时柏林爱乐演出水平的各种不足，技术状况远不如现在的二三线乐团。但当时所有的乐队成员是挤在一起的，尽量大声地对着一个大号筒（horn），以一种"不正常"的状态去演奏整首交响曲的，现代录音中的错误修补更无从谈起。从这个侧面也反映出音乐家对于用录音技术保留声音和艺术的渴望。不久后的1924年，就诞生了第一个《田园》录音。当时唱片产量稀少，售价昂贵，出版商要确保每一张唱片都能卖出去，由此可以判断出《田园》是最早被录音行业看重的作品之一，确信其有足够的销量保证。

国外曾有人将《"田园"交响曲》的录音进行归纳和整理，从1924年弗里德尔·魏斯曼（Frieder Weissmann）指挥柏林国立歌剧院版[奥迪安（Odeon）唱片公司出版]，到2020年乐满地（Harmonia Mundi）唱片公司在贝多芬年出版的伯恩哈德·富尔克（Bernhard Forck）与柏林古乐学会（Akademie für Alte Musik Berlin）合作的唱片，

图注：
上左：埃米尔·柏林纳
United States Library of Congress
上右：阿瑟·尼基什
United States Library of Congress
中：魏因加特纳指挥皇家爱乐乐团贝多芬《第五交响曲》和《第六交响曲》唱片
右下：贝多芬雕像 © Eric E Castro

共 223 个录音版本，完整地记录了过去 100 年里《"田园"交响曲》演奏发展的过程和变化。这部作品如一面镜子，是不同时代风格、审美和思想变化的写照。

除了最早的魏斯曼版，20 世纪 20 年代共留下五版《田园》录音，分别是 1927 年费力克斯·魏因加特纳（Felix Weingartner）指挥皇家爱乐乐团（The Royal Philharmonic Society Orchestra）版［哥伦比亚（Columbia）唱片公司出版］，1928 年弗朗茨·沙尔克（Franz Schalk）指挥维也纳爱乐乐团版（HMV 唱片公司出版），1929 年马克斯·冯·席林斯（Max von Schillings）指挥柏林国立歌剧院乐团版［奥迪安（Odeon）唱片公司出版］和 1930 年汉斯·普菲茨纳（Hans Pfitzner）指挥柏林国立歌剧院乐团版［波利多尔（Polydor）唱片公司出版］。第一次世界大战刚结束的 20 世纪 20 年代，是欧洲美好时代的终结——旧秩序被打破，新秩序有待建立。19 世纪下半叶，欧洲艺术家、文学家和思想家的血管中仍然流淌着浪漫主义的血液。这五个史上最早的《田园》录音，精神上更多是属于 19 世纪晚期的。在早期的《田园》录音中，魏因加特纳是最为重要的一位指挥家。他写过一本对后世诠释贝多芬交响曲有着里程碑意义的著作——《论贝多芬交响曲的演出》（人民音乐出版社 1984 年版中译本），其中，他对贝多芬交响曲演奏的每一个细节处理和改动都有充分和使人信服的理由，这本书也成为 20 世纪及以后贝多芬交响曲演奏的一本基础指引册。"豆瓣网"中还能看到诸如"手头再拿上一本总谱，一边来来回回听录音一

边琢磨这里面的细节，实在是人生闲暇的一大乐事"的评论。其实，这五个录音都有一种"魔力"，能够使听者无须对照总谱，甚至无须懂谱或对音乐有多少见解，就可以直接感受到这种"端着总谱、对照著作"听录音的立体感受。它们大体处于浪漫主义末期，但每个诠释都各自不同，各自精彩，能使你在聆听的时候，相信那一刻听的"不是魏因加特纳或席林斯的贝多芬，而是贝多芬的贝多芬"。不记得哪位评论家讲过，作曲家去指挥别人的作品，好处就在于能从作曲的角度去理解作品。这五个录音中的指挥家所处的时期，音乐作为一种艺术形式，没有像今天那样分工明细。他们多以乐长（Kapellmeister）的方式接受训练，也就是对作曲、指挥、钢琴、歌剧等领域样样精通。他们对于《田园》的理解，有作曲家的洞察力，对作品纵向结构和横向结构的呈现到位且平衡；有歌剧指挥的大局观，大处着眼，小处着手，大框架扎实稳固，小细节清晰感人；还有独奏家的判断力，该出的出，该隐的隐。而这种分析，是笔者在现在的语境和思维方式下的表述，对那个时代的人，这简直就是一种直觉和本能，无须进行解构或说明。

到了 20 世纪 30 年代，欧洲从"一战"的阴霾中走出，社会与文化生活慢慢恢复，人们对于音乐文化的需求丰富了很多，音乐家表达情感的幅度和浓度大大增加。布鲁诺·瓦尔特（Bruno Walter）、威廉·门格贝尔格（Willem Mengelberg）等大师的演奏是时代之

先，阿尔图罗·托斯卡尼尼（Arturo Toscanini）、迪米特里·米特罗普洛斯（Dimitri Mitropoulos）代表着美国古典音乐文化逐渐在贝多芬领域有了影响力。

而整个 20 世纪 40 年代，基本上都被"二战"的愁云惨雾笼罩着。1944 年，旧柏林爱乐音乐厅被炸毁。柏林开始被围攻时，有记者问柏林市民为什么不逃命反而还留在柏林，得到回答是："因为明晚还有柏林爱乐的音乐会。"就这一点而言，富特文格勒在 1943 年"二战"最酣时指挥维也纳爱乐乐团和 1947 年指挥柏林爱乐乐团的复出音乐会上，两次的录音是如此有代表性。两支个性迥异的乐团，演出细节自然大不相同，但有一点几乎没变，那就是在作品最后流露出的对未来生活的希望，音乐在背后提供强大的精神支撑。

223 个唱片版本中，20 世纪 50 年代出产的数量最多，共有 45 版《田园》面世。"二战"后，社会形态、价值观和审美发生巨变，幅度大于"二战"前的任一个十年。浪漫主义、古典主义还有很多的拥趸，但和其他艺术领域一样，简约风格开始渗入到音乐演奏中。赫尔曼·舍尔兴（Hermann Scherchen）、雷内·莱波维茨（René Leibowitz）等人的演奏夺人眼球。其中，舍尔兴的演奏被誉为"贝多芬的贝多芬"。现在回过头来看，舍尔兴和莱波维茨的演奏具有了当今历史启发演奏（HIP, historically informed performance）的一些特征，从速度、句法、和声等的处理上可见一斑。虽然不能断定其为后来"HIP"运动的开端，但至少可以视之为音乐家在贝多芬之后，第一次从精神上寻求回归。

20 世纪六七十年代，是我们熟悉的贝多芬风格的鼎盛时期，代表人物是奥托·克伦佩勒（Otto Klemperer）、卡尔·伯姆（Karl Böhm）、安德烈·克鲁伊滕斯（André Cluytens）、欧仁·约胡姆（Eugen Jochum），他们的演奏风格是当今的我们最熟悉的。这个时期的风格将古典主义和浪漫主义融为一体，使作品与时代的精神相结合，大放异彩。克伦佩勒的《田园》源自传统又自成一格；伯姆指挥维也纳爱乐乐团的版本，延续了乐团演奏《田园》的传统，仿佛将 20 世纪 20 年代魏因加特纳的精髓带到了现代。

20 世纪 80 年代是工业化生产到达顶峰的时期，计算机和网络科技给社会带来变革的前夜。卡拉扬的《田园》最具时代特征，他在录音的同时拍摄了电影，镜头语言富有想象力。

20 世纪 90 年代，贝多芬交响曲净版（Urtext）乐谱的出版是业界里程碑式的事件。这个经英国学者乔纳森·德尔·玛（Jonathan Del Mar）多年研究整理，由德国熊骑士（Bärenreiter）出版社出版的净版乐谱，修订了之前常用的布雷特科普夫与黑特尔（Breitkopf & Härtel）版中的 800 多处错误。同时，贝多芬乐谱研究成了显学。20 世纪 60 年代中期，哈农库特、古斯塔夫·莱昂哈特（Gustav Leonhardt）等人发起的"HIP"运动，到 80 年代时，在贝多芬作品演奏领域四处开花结果，罗杰·诺林顿（Roger Norrington）、克里斯多弗·霍格伍德（Christopher Hogwood）等英国指挥家在此领域取得卓越成绩。而新净版乐谱为贝多芬作品的演奏开启了新篇章。20 世纪 90 年代中期，英国指挥家约翰·埃

SYMPHONIES 5 & 6 'PASTORA'
RESOUND
BEETHOVEN
ORCHESTER WIENER AKADEMIE
MARTIN HASELBÖCK

图注：
上左："原样贝多芬"（ReSound Beethoven）版《田园》
上中：克劳迪奥·阿巴多
© Claudio Abbado / Cordula Groth
上右：克劳迪奥·阿巴多指挥柏林爱乐乐团版《田园》
下：伯恩哈德·福尔克与柏林古乐学会版《田园》

利奥·加德纳（John Eliot Gardiner）指挥革命与浪漫乐团（Orchestre Révolutionnaire et Romantique）的录音，是首先使用新净版乐谱的演奏录音。大卫·津曼（David Zinman）指挥苏黎世市政厅乐团（Tonhalle Orchester Zürich）的录音则是第一套全部使用新净版乐谱的录音。

作品与诠释永远是互相成就的关系。优秀的演奏不单是作品的呈现，而是结合了时代精神，并为时人揭示作品背后的感情、思想和精神的。两者以作品为骨骼，以演奏为血肉，共同构成有生命的音乐。这也是古典音乐作品可以经受反复演奏，且优秀的演奏永远都受欢迎的原因。阿巴多曾说："在贝多芬的交响曲中每天都能有新的发现。"这不是技术分析的成果，而是秉着对生活的热爱，对万物的敬畏，放下了执念。就像贝多芬在那一刻，虽然失去了听觉，却因为眼前雨后放晴的一片景象——天空和阳光，树叶和山丘——明白了感受世界的方式是多样的，声音只是其中一种，自然的力量源于自己内心。阿巴多离开柏林爱乐乐团前留下的《田园》录音，不仅在艺术上精雕细琢达到完美，而且赋予听众置身于现代博物馆观看古希腊雕塑般的感受。这是源于古老精神的现代演绎。

2020 年是贝多芬诞辰 250 周年，更多的演奏涌现出来，可以视为精神上回归贝多芬的第三波浪潮。其中，法国乐满地（Harmonia Mundi）唱片公司录制的由柏林古乐学会演奏的贝多芬作品录音采用"HIP"风格，由乐团首席伯恩哈德·福尔克领奏。"HIP"运动由当初固本清源，追溯本源，到现在发展为百花齐放、百家争鸣的状况。从极端回归首演状态的"原样贝多芬"（ReSound Beethoven）演出计划，到更多的"HIP"与现代乐器相结合的演奏，贝多芬交响曲的演奏形式和手法更丰富，呈现出更加立体和丰满的音乐形态。柏林古乐学会站在这个潮流的最前沿。

根据古典音乐网站"Bachtrack"的统计，贝多芬是 2019 年全球最受欢迎的作曲家，其作品演出次数最多，《田园》也进入作品榜前十位。作品与时代精神的关系永远是说不尽、道不完的话题。《田园》可谓是一个范例。并非不同时代的每次演奏都要追求展现作曲家原意，而应是这个作品随着时代的发展，折射出人们在思想和审美的变化。正如从慢慢飞离太阳系的"新视野号"航天器上看地球和太阳系一样，这个角度和视野是我们之前所没有见过的。这正是贝多芬的魅力所在。

《大赋格》

——贝多芬坚定的意志

文 / 吴淑婷

G R O S S E S   F U G E

> 优雅的人本性绝不能太严肃，
> 乃是艺术行家必备的素质。

巴赫雕像 © Tim Lenz

我相信很多读者会有这样的概念——"巴洛克＝巴赫""巴赫＝宗教音乐与赋格"，所以"巴洛克＝宗教音乐与赋格时代"。首先，大家最好不要用巴赫的作品去理解巴洛克时期的音乐。不过今日文章的主角并不是巴赫，因此这个话题就不展开了。其次，进入古典主义时期，尽管最重要的作曲体裁是奏鸣曲，但作曲家们也热衷于频繁使用"赋格"（Fuge）这种巴洛克时期流行的作曲手法。不过，大部分赋格都是用在作品的一个乐段中，所以称为"小赋格"（Fugato）。也有一个完整乐章是一首赋格的情况，比方说海顿《弦乐四重奏》（作品20）中的六首作品，其中三首都是以"赋格"作为末乐章的。据说，并非海顿运用赋格向巴洛克的古风致敬，而是艾斯特哈齐（Esterházy）家族的尼古拉斯（Nicholas）亲王喜爱赋格，并相信他自己可以"欣赏赋格"。同时，他又认为自己是一位优雅和时尚的人。但实际上赋格本身是严肃的，而优雅的人本性绝不能太严肃，乃是艺术行家必备的素质。所以，海顿为迎合尼古拉斯亲王的特殊"喜好"，把赋格加入作品20的第二、五、六首四重奏的末乐章。

"维也纳三杰"中的另一位大师——贝多芬，通晓赋格，他在很多作品中都娴熟运用了这种形式。正像前文所说，大部分皆是"赋格段"。其中，规模最庞大，以及最具划时代影响力的，应属作品133——《大赋格》。

下 / 右：《大赋格》乐谱

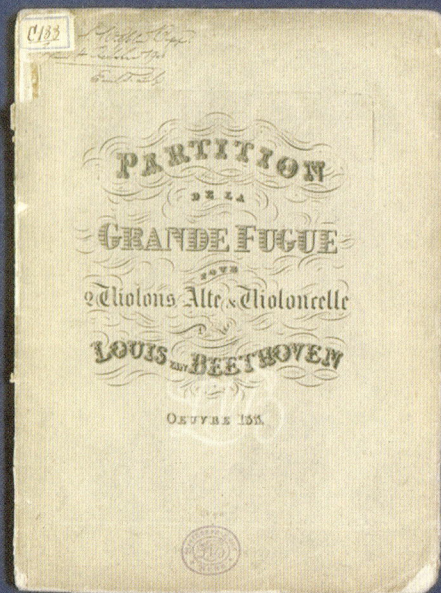

1825年，出版商阿尔托利亚（Artaria）认为作品130的末乐章太过庞大，要求贝多芬重新创作一首新的终曲，贝多芬同意了。之后，阿尔托利亚将最初的那个末乐章从作品130中抽离并单独出版，编号作品133，命名《大赋格》。贝多芬也重新为作品130创作了新的终曲。今天，更多的四重奏组在音乐会上，先演奏作品130加上后面替补的乐章，接下去演奏《大赋格》，而不是像贝多芬期待的那样把《大赋格》单独作为音乐会曲目演奏。

紧张和疯狂的《大赋格》以其大跨度的音程跳跃、各种不协和和弦，以及势不可挡的节奏型，让许多听众感到迷茫、困惑。德语版《室内乐指南》中记载了这样一段评论：

"经常演奏贝多芬《大赋格》四手联弹版本的钢琴家哈罗德·鲍尔（Harold Bauer）认为，'这首作品被误读了，粗鄙的赋格更像一首被美化的波尔卡谐谑曲，人们演奏它，欣赏它的时候，认为它非常神秘，其实不然，因为人们把哲学赋予其中，而非音乐。'"

大多数音乐学家和分析人士显然是不同意这种说法的。历史上最普遍的评论概括起来是："它（指《大赋格》）宏大的气势蕴含交响乐元素，是各类赋格的典范，让我们回忆起巴赫的复调，也有人展望李斯特和瓦格纳先进的乐思。"

一部作品，经过几百年的洗礼，引起许多纯理性的评论，以及孜孜不倦的分析。这种评论的存在是对作品伟大精神的尊敬，但同时也表明，希望理解这部作品的听众需要特殊天赋。

贝多芬在他的晚期四重奏的首演问题上，也是煞费苦心。

"贝多芬对于公众是否接纳他的新四重奏也很担忧。为了吸引四重奏团的演奏者，他给负责首演作品127——《降E大调四重奏》——的演奏者写道：
最棒的艺术家们：
我保证，每位演奏家都有适合自己的声部，而且每位演奏家以自己的名誉承诺做到最好，既做到彰显个性，又彼此协作达到最佳效果。
每一位参与此项事务中的人都要在此文件上签字。
贝多芬、舒潘齐格四重奏团、瓦尔斯、林克、被大师诅咒的大提琴家、霍尔茨
最后一个名字只有签名——施莱辛格秘书。"

不幸的是，作品127的首演并不成功。约瑟芬·波姆（Josephine Boehm）在维也纳也领导着一个四重奏组，而且与伊格纳兹·舒潘齐格（Ignaz Schuppanzigh）有竞争关系，随后，贝多芬要求他的四重奏组进行正式的首演。以下是波姆对这个事件的记述：

这次首演并不是很成功。舒潘齐格演奏第一小提琴，多次的排练导致他很疲倦，而演出也没有尽头。这部四重奏对他没有吸引力，所以他并未认真对待演出，四重奏组对此很不满意。几乎没有听众被乐曲触动，真的很不成功。因为贝多芬并未出席演出，所以当了解到这件事时，他感到非常生气，并痛斥了演员和听众。直到这种耻辱感逐渐消退，贝多芬才得以平静下来。清晨他来找我，以他惯用的简洁方式对我说："你必须演奏我的四重奏。"事情解决了，再也没有反对或是疑问。贝多芬想达成的愿望就必须实现，所以我接受了这个艰巨的任务。我们在贝多芬的眼皮底下勤奋地研究乐曲，

频繁地排练。我故意强调是在贝多芬的"眼皮底下"，因为这个不快乐的人耳朵已经全聋，以至于他再也听不到自己作品中的天籁之声。当然有他在场的排练就没那么容易了。他近距离地注视着我们演奏，因此，能够根据我们的运弓判断出节奏或速度微小的波动，以便立即改正。这部四重奏末乐章临近结尾时有个要求——"较前少些活泼"（meno vivace），我认为削弱了乐曲整体的效果。因此，在排练时，我建议为了获得更好的演奏效果，应维持原来的速度。贝多芬采纳了这个建议。

贝多芬和海顿、莫扎特的根本性区别在于，他的音乐与 18 世纪的贵族世界彻底绝缘。他音乐当中频繁出现的对抗姿态，以及"砰砰"的仿佛敲击讲台般的声音，绝对不可能出现在海顿或莫扎特的音乐中。海顿的音乐让人想到，启蒙时代的沙龙贵族与市民的对话，具有挑衅意味，也偶尔气氛紧张。但那就像下棋，即使有意外的妙手，落子的人嘴边也会浮现优雅的微笑，等待对方的反应。贝多芬则不同，他常常是以挑战者的姿态，主动出击，极力争辩。

让我们来留意一件事，古典主义时期最重要的题材是奏鸣曲式。奏鸣曲的基本形式是由呈示部、展开部和再现部三部分组成的。呈示部，顾名思义是用来展示的部分，有两个对比鲜明的音乐主题，分别用不同的调性表现相互对立的性格特点。接下来是展开部，音乐在各种调性间摇摆，变得不安定。最后，再现部再现呈示部的两个主题。但与呈示部不同的是，再现部将两个主题统一，消解两种主题的对立。

我们再来看赋格与奏鸣曲的不同。原则上，赋格中只有一个中心主题，这个主题以不同的声部、调性或速度演奏。即便像《大赋格》这么复杂的作品（由七个部分组成：1. 序曲；2. 第一赋格的变奏及发展；3. 第二赋格；4. 第三赋格及发展；5. 第二赋格的再现；6. 第三赋格的再现；7. 结束部）也不会出现一个主题被其他主题论证、变形，或分解得支离破碎的情况。虽然每种方式的呈现有很大的变化，但是每处细节一定都基于相同的主题。《大赋格》仿佛是贝多芬从最开始就预设好的调和的世界，即便对比过于极端化，充满能量的主题还是会不断以意想不到的转调出现。每一个段落不断膨胀，但又不至于瓦解，最终由坚定的意志统一起来。

人们知道，巴赫生前留下的最后一部巨著——《赋格的艺术》——中的最后一部作品是一首未完成的赋格。巴赫以"音乐签名"的方式，将自己的姓氏"BACH"藏于其中（在德语体系中，字母 B 相当于降 B 音，见谱 1）。从那以后，这个"四音动机"犹如一个永恒的主题，被后世的音乐家竞相引用。

一项研究贝多芬的最新结果表明，当贝多芬于1825 年开始写作这部作品的时候，正是他在"草稿簿"上拟定他"一直打算写作的《巴赫主题序曲》（以下简称《序曲》)提纲"的时候。记在草稿中的不少片段，都表现出与作品 133 惊人的相似。再来看实际的音乐，作品 133 的全部素材，都建立在《序曲》开头的八音动机上（见谱 2)。

从结构上看，这个八音动机最起码可以被分为两组"四音"。《序曲》全长 30 小节，可分为"10+6+9+5"四个部分。其中的后三个部分，均为第一部分八音动机的变奏，也是"赋格"中各变奏的材料先现。第 11—16 小节运用与《序曲》草稿中相似的节奏（见谱 3)；第 17—25 小节可以处理为抒情的行板（见谱 4)；第 26小节开始，进入《序曲》的最后部分（见谱 5)。音乐进入降 B 大调并以降 B 音开始。降 B 调是贝多芬晚年所喜爱的调，"B"也是"BACH"这个名字的头一个字母。音乐在这里正式引入"BACH"动机并结束《序曲》。在这个为赋格主题做预备的《序曲》中，音乐令人信服地表现"BACH"主题。紧接着进入的赋格部分，是为了"捍卫"这个主题所进行的论证，这样就比较容易理解了。贝多芬以这样的方式，雄辩而有力地论证且捍卫着这个基本命题，从而使《大赋格》始终高度统一。他崇敬巴赫，从风格到材料都回归巴赫，又把"BACH"作为一种能量，发展出其中强大的结构力。

通过研究贝多芬的作品，人们认识了"统一性"的概念。虽然音乐风格在不断发展，但直至勋伯格甚至布列兹时期的过程中，"统一性"概念也始终是具有根基性的。斯特拉文斯基说过："贝多芬的晚期四重奏完全与时代同步，而且永远是时代的代表作。"这不仅仅意味着贝多芬作品的先进性，更向当代或者未来显示其"根基性"。要理解贝多芬的作品需要仔细聆听，且专注分析，否则音乐将被演奏扭曲，尽管音乐分析与演奏如此息息相关。

我清晰记得，在欧洲学习弦乐四重奏时，有一次与慕尼黑室内乐团（Münchener Kammerorchester）的指挥、小提琴家克里斯托弗·波彭（Christoph Poppen）老师上课，曲目是贝多芬《弦乐四重奏》（作品 59 之 2）第一乐章。当我们演奏完之后，老师许久都没说话，过了半晌，徐徐说道："贝多芬不是在地上的人，他在上面……"说完，一直指着天空的方向。对于还是学生的我来说，老师的动作让我理所当然地认为，贝多芬已经去世了，他留下了丰厚的弦乐四重奏遗产，所以老师才会说他"在天上"。但随着时间的推移，在学习演奏《大赋格》，甚至更多贝多芬的作品之后，我才渐渐明白，为何贝多芬不是属于"在地上"的作曲家了。

2020 年是贝多芬年。弦乐四重奏作品作为贝多芬最重要的作品之一，使得当今音乐界活跃的四重奏组，都不约而同地规划巡演贝多芬弦乐四重奏全集的计划，如埃本四重奏（Quatuor Ebène）、幻象四重奏（Vision Quartet）。不过因为疫情原因，原定的计划推迟。尽管暂时听不到现场演绎的《大赋格》，但幸好，贝多芬的四重奏有无数经典录音。其中，"匈牙利"（Hungarian Quartet）、"维格"（Végh Quartet）、"意大利"（Quartetto Italiano）、"阿马迪乌斯"（Amadeus Quartet）、"茱莉亚"（Juilliard String Quartet）、"阿尔班·贝尔格"（Alban Berg Quartett）等四重奏的录音都是创造了"经典"的。四重奏中坚力量，如"哈根"（Hagen Quartet）、"塔卡吉"（Takács Quartet）、"阿特米斯"（Artemis Quartet）、"贝尔希亚"（Belcea Quartet）也先后录制了全集，各自有各自的精彩。

ALBAN BE
BEE
The Late String Quartets

他 的 音 乐 将 在 应 该 开 始 的 地 方 发 声 ，
也 必 然 在 得 其 所 的 地 方 终 止 。

QUARTETT
OVEN
127, 130, 132, 133 & 135

WARNER
CLASSICS

如果单从《大赋格》这部作品出发，我会首先推荐"阿尔班·贝尔格"四重奏的演绎版本。并不是我认为"非奥地利"血统的演绎不纯正，而是因为贝多芬在奥地利的故事，以及他在奥地利留下的痕迹——住所、工作室、书信、手稿等。若非从传统中走来，身临其境地感受，实在很难真正走进贝多芬。我曾在奥地利的一所贝多芬故居中，听到了现场演绎的《大赋格》。当时我就坐在标有"舒潘齐格"曾经使用的座位上聆听，想象着当时贝多芬与他们共同讨论音乐，争论哪种演奏法更好的场景，再配合现场演绎的《大赋格》，热血沸腾地感受着贝多芬的思绪、痛苦、挣扎……那时，我才对"阿尔班·贝尔格"的演绎无比崇敬。

当代有不少组合比他们演绎得更整齐，更干净。但是，能把《大赋格》的复杂性和一致性在同一时间里传递出来的，并且让贝多芬的形象栩栩如生地展现在观众面前的，只有"阿尔班·贝尔格"四重奏。他们的演绎并不像许多演奏家那样只有虚浮的热情，好让观众记住演奏家本身。取而代之的是急速地忘我，用一种将所有该叙述的内容都讲完的充实感，把观众带入贝多芬创造出来的精神世界。正像"阿尔班·贝尔格"四重奏创始人之一——哈顿·贝利（Hatto Berley）先生给我们上课时说的那样："他的音乐将在应该开始的地方发声，也必然在得其所的地方终止。"

迪耶普市场广场——紫和灰的变奏
詹姆斯·麦克尼尔·惠斯勒（James McNeill Whistler, 1834—1903）
© 美国大都会艺术博物馆

Diabelli Variations

《迪阿贝利变奏曲》

与 贝多芬晚期音乐语言所承载的意义

文 / 罗逍然

音乐在所有的艺术形式中最为独特，它似乎缺乏语言那样丰富的表意性，也并不诉诸任何和视觉相关的具象表达。所以，在过去的一个多世纪内，从海因里希·申克尔（Heinrich Schenker）与亚瑟·叔本华（Arthur Schopenhauer），到查尔斯·罗森（Charles Rosen），众多学者普遍认为音乐有着所谓的"自律性"。也就是说，音乐是完全独立的。如果没有歌词的话，它与其外的任何存在都没有直接联系，音乐本身就能够触动听者的心弦。

于是，为数不少的音乐专业学生坚信着音乐的这种独特的属性，在论文中分析音乐作品中的"音乐元素"，似乎引入和文学或图像相关的意象就会玷污音乐那神圣的自律性，但却有意或无意地忽略了声乐作品中音乐与文学的完美结合，以及无数作曲家为自己的作品所加的各种标题——李斯特在乐谱中往往会给作品配上大段的诗歌，而柏辽兹的所有作品中，除了一首几乎无人知晓的小提琴曲外，全部都有歌词或具象化的标题。

在过去的大约四十年间，西方音乐学界看待音乐的角度渐渐发生了变化：作为艺术的音乐是人类的表达形式。也就是说，音乐是一种从创作者到听者的沟通渠道，故而，它必然传递内容且承载意义。音乐的内容与意义当然不同于语言、绘画或舞蹈，但它既然能够传达意义，那么就必须有独立于音乐之外的参照内容。换言之，如果音乐作品能够被听众所领会，那么作品就必须符合某种文化所公认的体系——而这恰恰就是符号的定义。如果说语言作为一种符号体系，脱离了语言之外的世界就不可能存在，那么同样地，音乐如果也是某种符号体系，那么它要传达意义，也不能脱离音乐之外的世界。于是，从伦纳德·拉特纳（Leonard Ratner）的名著《经典音乐》开始，音乐学主流开始从符号学的角度出发来尝试解释音乐，这种理论被称为"话题理论"（topic theory）。以费迪南·德·索绪尔（Ferdinand de Saussure）与查尔斯·桑德斯·珀斯（Charles Sanders Peirce）的符号学理论为基础，"话题理论"认为音乐与语言类似，是特定文化中形成的特定的符号体系，不同种类的音型、节奏型、配器等音乐元素都有可能是一个音乐符号。每个音乐符号类似于文学中的语汇或意象，不仅表明特定的内容，而且还包含意象背后所引申出的情感含义。举例来说，圆舞曲就是一个音乐符号，它的标志一般是较快的速度，拍子为 $\frac{3}{4}$ 拍，节奏相对简单，伴奏型通常为每拍一个和弦。它很可能是在 18 世纪下半叶由德奥地区民间流行的兰德勒舞曲（Ländler）演变而来，并在 19 世纪初开始在欧洲广为流行。虽然舒伯特、肖邦与勃拉姆斯等作曲家在其作品中将圆舞曲提到了较高的地位，但是在贝多芬的时代，圆舞曲作为一个音乐符号，象征乡村风格、原始且纯朴的内涵，以及肢体的动感。贝多芬在 1819 年决定创作《迪阿贝利变奏曲》（Op. 120）时，他的构思起点既是如此。出版商安东·迪阿贝利（Anton Diabelli）所创作的作品的主题是一首圆舞曲。与当时流行的其他圆舞曲一样，这首圆舞曲带有强烈的德意志民间音乐风格并透出原始的生命力。

《迪阿贝利变奏曲》的第三十三变奏——即最后一首变奏——则是一首小步舞曲 [贝多芬的速度标记是 "tempo di minuetto moderato"（适中的小步舞曲速度）]。小步舞起源于法国宫廷舞蹈，一般为双人对舞，运动幅度较小，步伐也相对缓慢。久而久之，小步舞曲通过在西方音乐传统中的不断发展也演变成了一个音乐符号：它的速度闲适，作曲家还往往会标注上"小步舞曲"的标题或"小步舞曲速度"的速度标记。由于其源头为宫廷舞蹈，所以小步舞曲在古典风格的音乐作品中往往象征高贵且从容的情感状态。与圆舞曲相比，小步舞曲象征高贵与文明，且有着更强的精神属性。如果说开头的圆舞曲更为原始、厚重、粗糙，与大地和土壤紧密相连，那么结尾的小步舞曲便是轻灵而又优雅的，时时在向天国的更高处飞升——这样来看，贝多芬在《迪阿贝利变奏曲》中的大致创作思路就很清晰了。

按照安东·辛德勒的说法，贝多芬对迪阿贝利的这首圆舞曲态度轻蔑，将其称为"鞋匠的补丁"（Schusterfleck）。然而，他却以这首圆舞曲为基石，创作了自己的创作生涯中规模最为宏大的钢琴作品。贝多芬这个音乐史上罕见的天才，在创作自己的扛鼎之作时难道不该完全使用自己独创的素材吗？这个显而易见的矛盾也可以用话题理论与音乐符号学进行很好的解释：作曲家使用音乐符号创作，而并不需要发明这些音乐符号，就好像一位文学家使用文字进行创作，而不需要发明词语或句法一样。在《迪阿贝利变奏曲》中，贝多芬使用自己惯常的手法，将迪阿贝利的圆舞曲拆为若干基本元素（就好像诗歌作品使用的基本语汇或意象）。所以，大多数变奏仅仅是对少数几个元素的组合与发展，同时往往会在较大程度上改变原曲的和声结构。《迪阿贝利变奏曲》里的绝大多数变奏，在听者耳中虽然多少与原本的圆舞曲有部分关联，但相似性远远不像古典风格音乐中的其他变奏曲那样明确——所罗门在著名的《贝多芬传》里更是将《迪阿贝利变奏曲》称为一部"巨大的钢琴小品套曲"（gigantic cycle of bagatelles）。[1]

《迪阿贝利变奏曲》的 33 个变奏，的确在风格、情感与内容上包罗万象，而话题理论可以帮助我们为其中的意义作出许多解释。第一变奏的标记是 "Alla marcia maestoso"（庄严的进行曲风格）。这首进行曲的速度适中，力度以"强"为主，乐句中每小节的第一拍通常是一个带有 "*sf*" 标记的长音（二分音符），而在这个长音之前的弱拍上往往是一个力度较弱且时值较短（八分音符）的音：

这种风格的进行曲最早源自 17 世纪的法国宫廷，在皇帝或贵族入场时演奏。其速度适中，风格庄严，往往使用厚重的和弦，带有明显的附点节奏型（与第一变奏有相同的特征）。随着时间的推移，这种音乐作为一种传统成了一个音乐符号（有音乐学者将其称为"法国序曲"），它往往用来表达恢宏的气派，同时也会给人新力量肇始或入场的感觉。这样来看，贝多芬笔下的第一变奏所表现的是从粗糙的圆舞曲到超脱的小步舞曲间漫长旅程的开端。音乐在这里做好了准备，开始大摇大摆地向前走去。但是，由于贝多芬在这个变奏中反复强调右手部分不断重复的和弦，又在维持动感的前提下有意减少节奏变化，所以听者在感到气宇轩昂的同时，又必然会觉察出一丝滑稽，好似这个变奏是在滑稽地模仿迪阿贝利的圆舞曲。类似的滑稽模仿还出现在第十三变奏中：

同样具有厚重的和弦、较强的力度与附点节奏型等特征的第十三变奏，中间部分却隔有长长的停顿与力度较弱的断奏音。这是在用一种稍微不同的方式对迪阿贝利的圆舞曲进行滑稽的模仿：圆舞曲中横向的节奏、旋律等要素，一瞬间被完全压缩至几个和弦中，与此同时，还让听者的期待在"强、弱、静"这三种力度间无所适从。在这里，表现庄严开场的进行曲已经完全变成了一段幽默的小插曲。值得一提的是，贝多芬在创作《迪阿贝利变奏曲》的过程中中断了一段时间：他于 1819 年开始构思此作品，在创作了部分变奏后搁置了大约三年，于 1822 年重新创作并完成全曲。第一变奏与第十三变奏恰好都是他在 1822 － 1823 年间新加入的变奏。[2] 这两个变奏通过对"法国序曲"这个音乐符号的滑稽使用，对全曲的前半部分结构进行了重要的划分。

"短短长"的节奏型（两个八分音符后接一个长音）构成了第五变奏的前半部分：

Allegro vivace

第十五变奏中的前半部分：

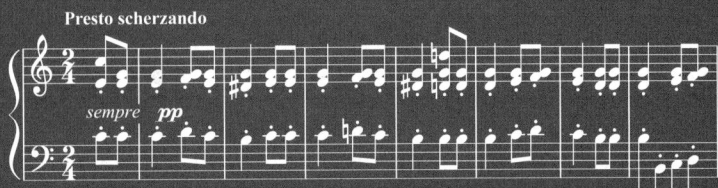

Presto scherzando

sempre *pp*

这种节奏型最初源自对军号声的模仿（另一说法是骏马奔腾时的蹄声），在进入西方音乐的符号体系中之后，它在中速或快速的乐曲中多次重复时，就成了表现军队行进的音乐符号。[3] 老约翰·施特劳斯的《拉德茨基进行曲》、罗西尼《威廉·退尔》序曲的第四部分或海顿《"军队"交响曲》的第三乐章都是运用这个音乐符号的经典范例。在《迪阿贝利变奏曲》的这两个变奏中，贝多芬将《迪阿贝利圆舞曲》开头的"短短长"节奏型单独提取出来，使之成了主要的素材来源。第五变奏对这个符号的运用与军号的声音格外相像，而我们在第十五变奏中听到的更多是进行曲那敏捷、活泼且乐观的精神与前进动力。

$\frac{3}{4}$ 拍的第八变奏与第十一变奏在氛围上使用了表现田园风格的音乐符号。一般来说，在巴洛克与古典时期，具有田园风格的音乐作品往往是 $\frac{6}{8}$ 拍或 $\frac{12}{8}$ 拍，其基本特征是以八分音符为主的流畅伴奏型，重点在重拍与之前的一个弱拍的旋律线，其速度悠闲，情感上舒朗闲适，经典例子十分多见。比如，在某种程度上，所有的"西西里舞曲"（Siciliana）都属于田园风格音乐中的"船歌"（barcarolle，有些作品没有标题，如贝多芬《第二十五钢琴奏鸣曲》的第二乐章、勃拉姆斯《海顿主题变奏曲》第七变奏、《亨德尔主题变奏曲》第十九变奏等也具有明显的船歌特征）。再如贝多芬《第六交响曲"田园"》的第二乐章：

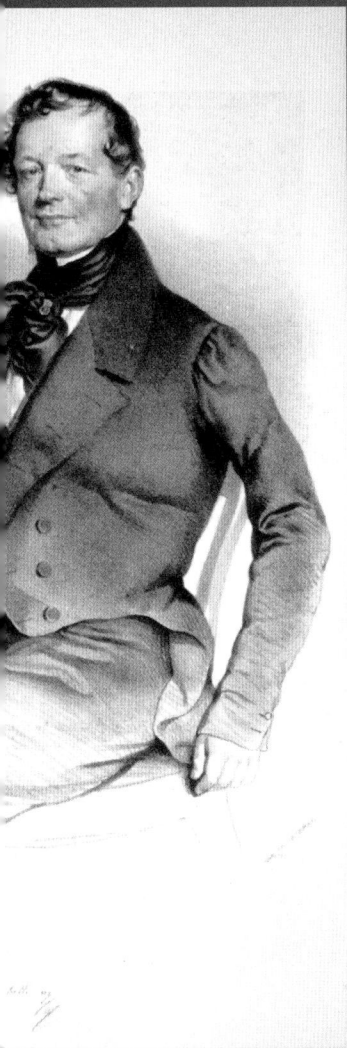

安东·迪阿贝利

Andante molto moto

或舒伯特《钢琴小品》（D. 946）中的第二首的主乐段（虽然此曲并没有标题，但是借助音乐符号学可以发现这个乐段具有的田园风格）：

或贝多芬《第十五钢琴奏鸣曲"田园"》的末乐章主乐段：

当然，正如罗伯特·哈腾（Robert Hatten）教授所说，"田园风格的乐章往往有着复合型的节律"。[4] 所以，在适当的速度下，以八分音符为基础的 $\frac{3}{4}$ 拍的第八变奏（贝多芬《第十五钢琴奏鸣曲"田园"》的第一乐章也可属于此类）：

或以八分音符三连音为基础，类似于 $\frac{9}{8}$ 拍的第十一变奏：

这些乐段都可以看作是某种田园风格的表现：它们都有着流畅的线条与精致的织体，速度适中偏快，每小节最后一拍的装饰效果与对每小节第一拍的强调等特点也都是田园风格音乐的标志。贝多芬更是为第八变奏写上了"*dolce e teneramente*"（甜美而又温柔地）的表情记号。

贝多芬在《迪阿贝利变奏曲》中，以各种各样的方式使用了为数众多的音乐符号，但由于篇幅与能力所限，我在本文中只能略举几个

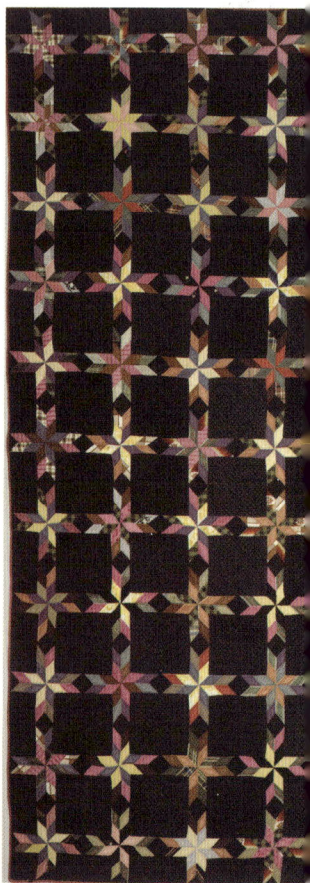

例子，大致地演示话题理论与音乐符号学如何帮助我们理解一部作品。应当特别说明的是，音乐符号只能为我们理解音乐提供某种参照，真正的深意仍然蕴含在作曲家对音乐符号与意象的具体使用方式之中。此外，音乐符号学所提供的这种参考只能在特定的一个或几个维度上帮助我们理解音乐，所以绝不是说分析动机、旋律、和声等纯音乐元素没有其重要的价值。正如我在《音乐与情感》一书的译者序中所说，"作为喜爱音乐的读者，我们并不需要作出取舍，不同的研究方式为我们说明了音乐在不同层次上所含有的意义。如果能够兼容并包，那么我们对音乐的理解一定会比仅仅抓住一种理论，或是从单独一个出发点考虑要深入得多。"

但是我们必须承认，音乐作品与人类的精神、情感和思想世界是紧密相连的，是形成于特定文化内的表达体系。我们之所以能够听懂并喜爱西方古典音乐，正是因为我们在所处的音乐环境中随处都能听到西方古典音乐。太平洋海岛上的原住民因为几乎从不接触西方音乐，所以也就几乎不能理解西方的音乐作品。尽管我们可能无法准确地指出哪段音乐以"田园风格"符号或"军队行进"符号为基础，但却仍然可以正确地感受到音乐中传达出的意象与情感。比如勃拉姆斯《第二交响曲》的开头主题：

$\frac{3}{4}$ 拍的主题由于速度较快，可以看作是以四分音符为基础的田园风格音乐。它那悠然的三拍子旋律，用经常被用来象征号角声的圆号来演奏，被称作"交响牧歌"也毫不过分。贝多芬《第五交响曲·命运》那著名的第一乐章，"短短短长"的节奏型几乎贯穿始终。这个节奏型实际上脱胎自"短短长"的"军队行进"符号，所以配合着 c 小调的压抑氛围，我们感到的是某种神秘但压倒一切的力量在向前冲锋。

当然，音乐符号虽然是音乐传达意义的主要方式，但作曲家还会使用其他方法让自己的作品传达意义。其中，引用或化用其他音乐作品是重要方法之一。在《迪阿贝利变奏曲》中，贝多芬通过引用、化用或模仿其他音乐作品或音乐风格，让全曲在最后的三分之一左右开始真正走上精神升华的道路。

第三十二变奏的基础是对莫扎特的歌剧《唐璜》第一幕序曲之后，莱波雷洛（Leporello）演唱的两个乐句的引用。相对应的唱词是："没日没夜地劳苦，为的是个不知感恩之人。"（Notte e giorno faticar, per chi nulla sa gradir.）这个"不知感恩之人"很难不让人联想到在贝多

变化的勒穆瓦纳（Lemoyne）
星星图案被套
© 美国大都会艺术博物馆

芬童年时令他走上音乐道路的那位严苛的父亲。第二十三变奏似乎进一步印证了这点。它干涩枯燥，并无多少音乐魅力可言，在风格上模仿了约翰·克拉默（Johann Cramer）的钢琴练习曲写作风格，与第二十二变奏中那暗含的抱怨有着异曲同工之妙。不过，贝多芬在日记本中也摘抄过迦梨陀娑的《沙恭达罗》和赫西俄德的《劳作与时日》中有关人类的劳苦现状与前进道路的诗句，[5] 所以也可以将这两个变奏看作是作曲家对人类生活与奋斗的思考。当然，贝多芬在这里表现的到底是自己音乐道路的肇始，还是人类的生存现状，或者纯粹只是音型与和声的组合，而并无任何实质意象，可以由听者自行根据感受来判断。我的建议是，在理解音乐作品时，有参照系要好于没有参照系，而多个参照系要好于单独一个参照系。

第二十四变奏的标记为"Fughetta"（小赋格），作品充满了对巴洛克时代——尤其是巴赫所处时代的——复调音乐的模仿。第二十五变奏则是较为标准的兰德勒舞曲。话题理论认为在古典风格的音乐中，赋格在风格上往往象征广博的人类知识与文明。兰德勒舞曲与圆舞曲一样，表现的主要是原始的生命力，所以这两首变奏实际是风格截然相反的一组对立。但是在第二十五变奏中，开头的圆舞曲已然经过了彻底的重组和变形，让听者体会到音乐在朝向精神升华的前进道路上已走了很远，再也不会回头。无论是轻松愉悦（第二十六变奏），兴奋昂扬（第二十七变奏），还是荆棘遍布（第二十八变奏），作品终点都会与开头的原始与质朴全然不同。

第二十九变奏与第十四变奏类似，位于小调之上，速度较缓，表情肃穆且忧愁，以附点音型为主，节奏从始至终相当规整——从话题理论的角度来讲，这是一首葬礼进行曲。第三十变奏的开头是一段四声部卡农，这将我们重新带回了巴洛克时代的复调世界，音乐在此处似乎已经完全摆脱了迪阿贝利的圆舞曲中那原始的动感与粗糙的大地，开始向纯属精神领域的高天飞升。伟大的第三十一变奏被罗森称为是对巴赫《哥德堡变奏曲》（BWV 988）第二十五变奏的模仿，[6] 在我看来也有可能是对巴洛克时代的器乐咏叹调风格的模仿。当然，任何人声都无法歌唱这首咏叹调：这是纯属于内心的歌声。

第三十二变奏是三重赋格，其三个主题当然都是来自迪阿贝利的圆舞曲中的音乐元素，但是已然经过重组，成了典型的贝多芬晚期赋格风格。不过，第三十二变奏的风格和情感首先是精致而优雅的，许多钢琴家和学者都指出过它与亨德尔笔下复调音乐风格的相似性。[7] 然而，到由八分音符组成的第三主题开始时，贝多芬晚期赋格中那标志性的狂野动力好似脱缰野马一般奔腾而出，最终在降 E 大调调性中的减七和弦上耗尽能量，使赋格戛然而止。随后向最后的小步舞曲变奏的转换段被唐纳德·弗朗西斯·托维（Donald Francis Tovey）评价为"震撼心灵到最为骇人的程度"：

在这里，减七和弦的降 C 音变为还原 B 音并最终在最后的小步舞曲开头解决到原本的 C 大调主音上。这是全曲中第一次也是唯一一次音乐在如此关键的节点从导音向上解决到主音 C，听感十分空灵，或许也能部分解释为何这个段落有着如此出众的效果。

　　最后的小步舞曲（第三十三变奏）让人联想到莫扎特的轻灵风格，音乐在这里已经完成了从大地到天国的转变。不过，这个变奏的写作方式是纯粹的贝多芬晚期风格。它由主体与尾声构成。其中，主体部分大致与迪阿贝利的圆舞曲类似，分为前后两个反复演奏的部分，但其特点是让音符的时值从四分音符缩短为八分音符、十六分音符，甚至十六分音符三连音，这与《第三十钢琴奏鸣曲》末乐章和《第三十二钢琴奏鸣曲》末乐章等晚期作品的写作手法是一致的。在尾声部分，贝多芬更是化用了自己《第三十二钢琴奏鸣曲》末乐章的主题——同样的下行四度音程，同样的模进方式：

《作品 VIII 变奏》
(*Variation on Composition XIII*)
特奥·范·杜斯堡
(Theo van Doesburg，1883—1931)
© Cincinnati Art Museum

就这样，贝多芬在引用、化用或模仿过克拉默、巴赫、亨德尔、莫扎特之后，让全曲在自己的音乐语言中找到了最终的归宿（贝多芬的《庄严弥撒》与最后三首钢琴奏鸣曲均创作于 1819 — 1822 年间，也就是开始构思到最终完成《迪阿贝利变奏曲》的期间），结尾的乐句好像一朵青云向上飘散，最终化为无形，与高天融为一体。

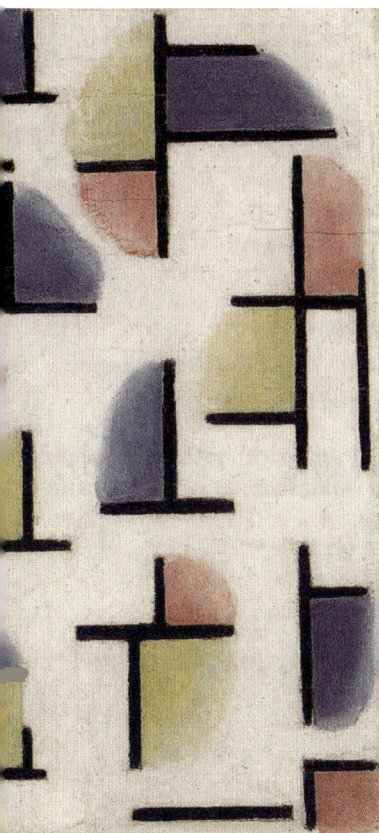

1. Maynard Solomon, *Beethoven* (2nd ed., Schirmer Trade Books, 2012), P. 305.

2. William Kinderman, *Beethoven's Diabelli Variations* (Oxford, 1989), CC 2-3.

3. Raymond Monelle, *The Musical Topic: Hunt, Military and Pastoral* (Bloomington, 2006), P. 166.

4. Robert S. Hatten, *Musical meaning in Beethoven: Markedness, Correlation, and Interpretation* (Bloomington, 1994), P. 97.

5. Maynard Solomon, *Late Beethoven: Music, Thought, Imagination* (Berkeley, 2003), P. 190.

6. Charles Rosen, *The Classical Style* (2nd ed., New York, 1998), PP. 427-428.

7. Alfred Brendel, *Alfred Brendel on Music: His Collected Essays* (Chicago, 1990), PP. 114, 126.

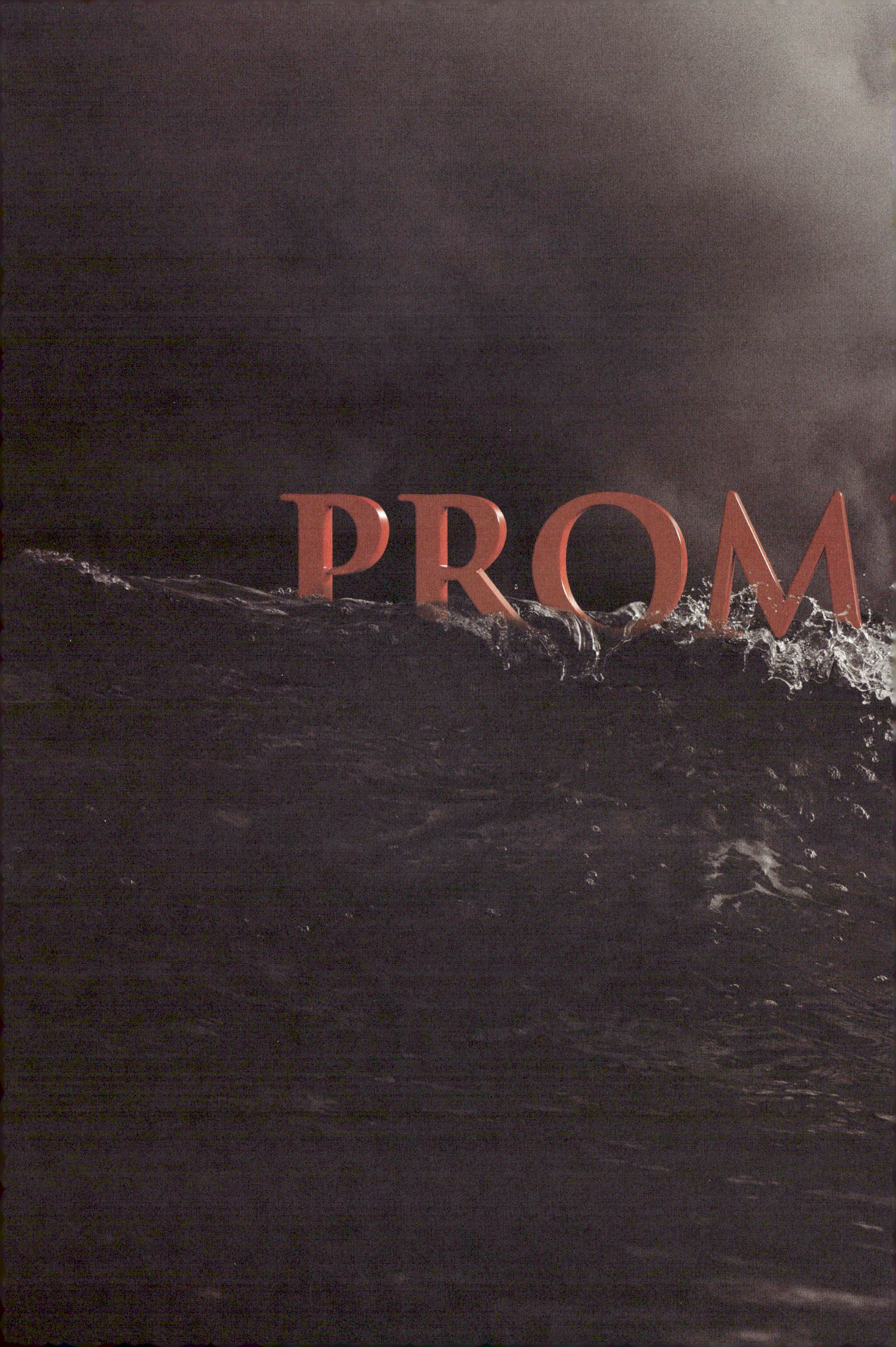
PROM

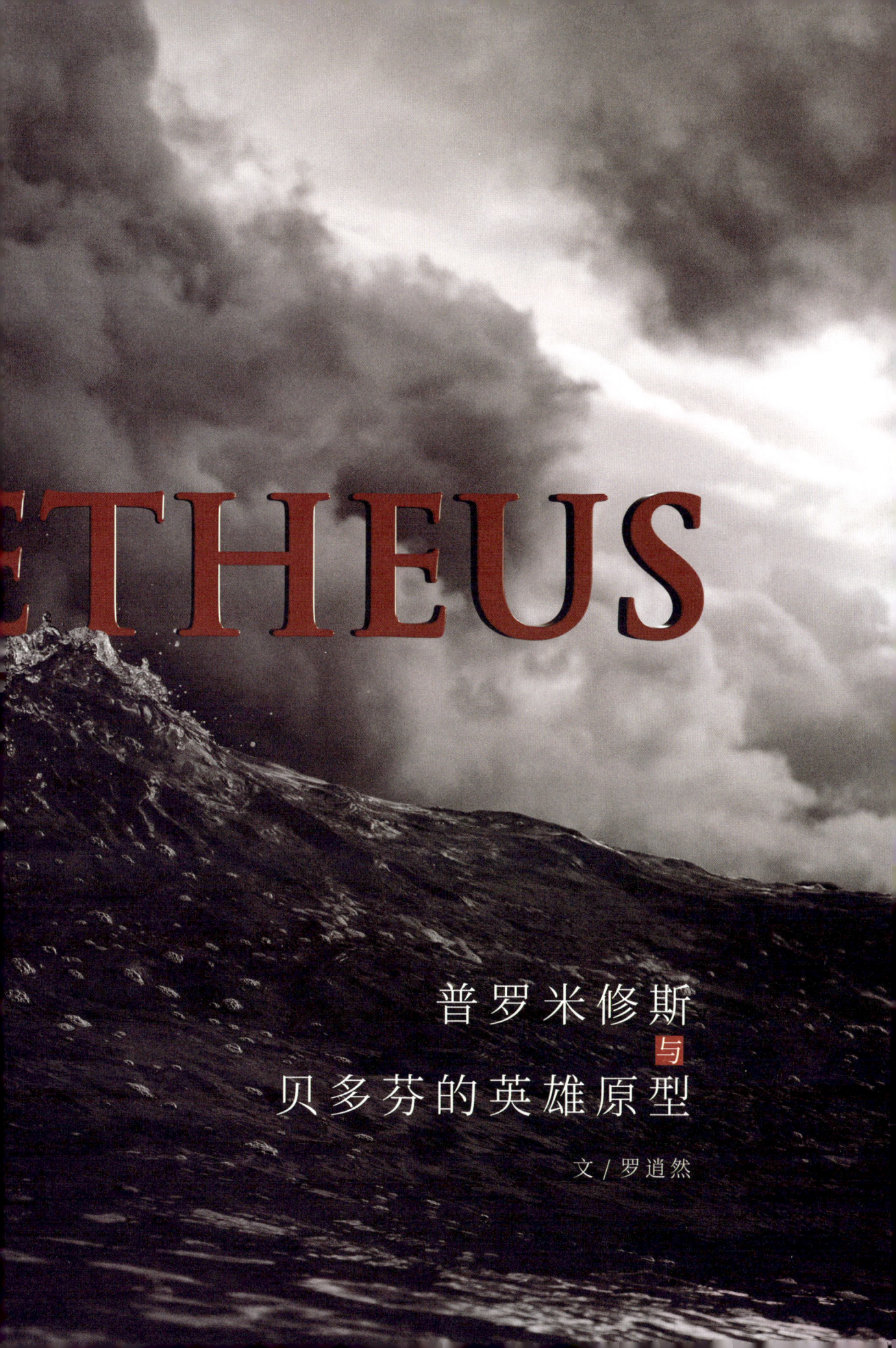

普罗米修斯与贝多芬的英雄原型

文 / 罗逍然

无论从个人的角度，还是从整个人类的角度出发，能够用语言或其他类似的符号体系来清晰表达的内容，只占据我们心灵的一小部分。我们往往无法理解自己的梦境，无法解释突然降临的直觉或灵感，不知道那些将我们包裹起来的情感究竟从何而来，难以控制无意识间的习惯行为或冲动，甚至经常连自己的注意力都不能保持——理性的、可控的、能够用语言所表达的表层意识毕竟是弱小的，它在我们的心灵中所涵盖的范围也是十分狭窄的。心灵中由无意识所占据的部分是我们情感的真正由来，是绝大多数行为的动力源泉。卡尔·荣格（Carl Jung）在分析心理学中将心灵中的无意识部分划分为"个体无意识"（persönliches Unbewusstes）与"集体无意识"（kollektives Unbewusstes）。其中，集体无意识环抱着整个无意识部分，并且是其根基。集体无意识主要由本能与原型（Archetyp）构成，而原型则是心灵中承载着整个人类意识与发展历史的部分——尽管柏拉图在两千多年前就在自己的对话作品中用"理型"（eidos）的概念表达过类似原型的观点，但在我看来，荣格的表述最为贴近现代社会的灵魂。原型是整个人类共享的一系列观念，为深藏于每一个人自己心灵的集体无意识部分之中。但是，原型是没有具体形式的，所以如果要在我们的认知当中出现，必须借以象征的方法。原型本身是每个人所共有的，但是象征则必须依赖文化背景与表达媒介（神话、图像和梦境等均可作为原型的表达媒介），因而也就有了表现上的差别。

荣格强调神话与原型之间的关系，不过比较神话学、比较民俗学、比较人类学等方面的学者一直更倾向于使用以实证与推导为基础的比照法（comparative method）来追溯并解释神话的流传与演变。近半个世纪以来，神话研究作为一个跨学科的课题，在诸多人文学科领域都获得了重大的突破。荣格的原型理论虽然并没有被主流的神话学者们普遍接受，但我认为，尽管深藏于无意识深处的原型无法被观测或证实，不能为科学方法所触及，却能真正解释神话中的情感力量，以及其跨文化的感染能力——神话用象征的方式将原型的力量充分展现了出来。普罗米修斯的神话可以说是能量最为强大的例子。然而，当我们回溯其古希腊的源头时却能发现，这个神话其实以两种不同的原型形象为基础，表达了两种截然不同的观点与哲思。第一种出现在赫西俄德的作品里，《神谱》中的普罗米修斯是"狡猾而计策多端的"（第 511 行：ποικίλον αἰολόμητιν），是"诡计者"（第 546 行：ἀγκυλομήτης）。当人类与众神制定协议之时，他在献祭仪式中帮黑人类

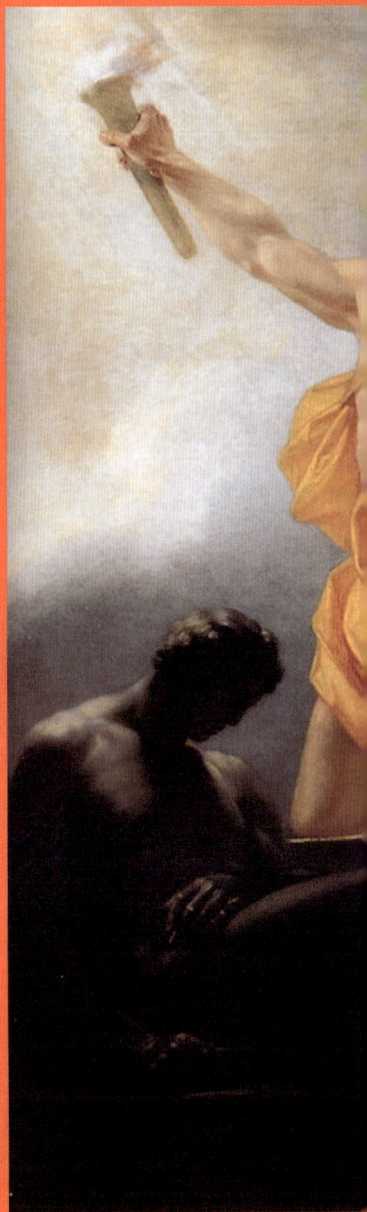

上：《盗火者普罗米修斯》，
海因里希·菲格尔（Heinrich Füger）
作于约 1817 年
侧：《普罗米修斯被缚在石头上，看着眼前的鹰》，弗朗切斯科·巴托洛奇
（Francesco Bartolozzi）
作于 1795 年

设计欺骗宙斯，于是为人类招来了众神之神的恨意。虽然宙斯并没有落入圈套，但这新生的恨意却让他将计就计，假意落入了普罗米修斯的圈套。这给了宙斯惩罚人类的理由："他便不愿意为终有一死的凡人将火焰那永不疲倦的力量赐予白蜡树"（第 563 — 564 行：οὐκ ἐδίδου Μελίησι πυρὸς μένος ἀκαμάτοιο θνητοῖς ἀνθρώποις）。结果，普罗米修斯硬是为人类偷回了火种，这第二次触怒了宙斯，于是他又为人类送去了潘多拉，而普罗米修斯也被锁链钉了起来，每日遭受被鹰啄食肝脏的刑罚。到了《劳作与时日》中，赫西俄德更是结合著名的"人类五大种族衰退神话"（黄金、白银、青铜、英雄与黑铁），将人类的悲苦现状归咎于普罗米修斯的渎神：宙斯才是全知全能的神，只有他才是火焰的真正赐予者。在这里，普罗米修斯并非英雄，他象征着人类在茫茫未知的存在（τὸ ὄν，ens，being）面前所感到的渺小与胆怯，是人类生活的徒劳与苦难的化身。在赫西俄德之后的大约两千七百年中，普罗米修斯因狂妄渎神而遭到惩罚并为整个人类招来无尽苦难的故事传遍了希腊文明所及的一切范围，其影响力远比我们今天通常意识到的要强大得多。只需深吸一口气想一想未来的不可知给自己带来的焦虑与惶恐，每位读者其实都能感受到心中那个被日日啄食肝脏的普罗米修斯。这正是原型的力量，扎根于每个人的无意识深处，不可触及却又一直发挥着作用，萨尔瓦多·洛萨（Salvator Rosa）那幅《普罗米修斯的酷刑》之所以在罗马一经展出便备受关注，其原因恐怕也就在于此。

当然，近两百多年间发挥出最为巨大能量的是作为盗火英雄的普罗米修斯形象，其背后的原型与理念最早由埃斯库罗斯的《被缚的普罗米修斯》给出最经典的表达。埃斯库罗斯笔下的普罗米修斯早已为我们所熟知，他不仅赐予了人类现实中的火焰，更为人类注入了灵魂的火焰，使人类从一般飞禽走兽之中脱颖而出；他毫不畏惧万物统治者宙斯的残暴，秉持住心中的信念，毅然承受最为残酷且漫长的折磨。希腊悲剧在古典雅典以四联剧的形式在一天之内被搬上舞台 [包括三部悲剧与最后的一部荒诞讽刺风格为主的萨提尔剧（Satyr play）]，在《被缚的普罗米修斯》之后上演的是《解放的普罗米修斯》（另外两部已不可考），后者讲述了普罗米修斯在被埋入地下许久之后，重新被钉上崖壁并遭受老鹰啄食肝脏之苦；之后，赫拉克勒斯将老鹰射死并解救出普罗米修斯，普罗米修斯则与宙斯达成了和解。《解放的普罗米修斯》今天只存零散的十余段只言片语，但可以肯定的是，普罗米修斯与宙斯的和解绝非前者的单方面妥协，因为《被缚的普罗米修斯》中已有数处预示了《解放的普罗米修斯》的情节（第 190－192 行，另可参见第 980－982 行）：[1]

> 他终将平静自己顽固的怒火，
> 与我达成联盟与友谊，
> 心中与我同样急切。

从剧作家角度来讲，这样的预言必须在后面的情节中应验，所以《解放的普罗米修斯》必然讲述了宙斯的屈服与妥协，以及他从暴虐君主向仁慈神明的转变，还有普罗米修斯的最终胜利。不过，只有《被缚的普罗米修斯》跨越二十五个世纪流传到了今天，不屈的盗火英雄在世代之间不断发挥着影响力，而他的胜利与宙斯的转变则早已被人遗忘。究其根本原因，受难的英雄，反抗与暴君（或残忍的父亲）都是人类无意识深处最根本的原型与理念，但暴君的转变并不是。盗火英雄普罗米修斯在今天仍然影响深远的另一大原因便是法国大革命与随后到来的浪漫主义运动，拿破仑、歌德、雪莱与贝多芬起到了最重要作用，贝多芬尤甚。

从文艺复兴开始，西方文明进入了一个不断肯定且宣扬人类意识的过程之中——当然，从现代心理学的角度来看，这种人文主义所推崇的实际只是无意识之上那可感可知的表层意识。到了启蒙运动时期，关注的重点变得更为狭窄，文化的聚焦来到了人的思想上，尤其是逻辑推论与体系分类所主导的理性思想。宗教中的仪式与象征原本承载、疏通并表达着人类心灵中能量最为强大的集体无意识，但在经过了一千多年的淘洗之后早已经失去了活力：[2]

> 我们越是熟悉这些"宗教象征"，就越是不断地使用它们，由此将它们打磨得愈发光滑，于是剩下来的就自然只有乏味的表面文章和不知所云的前后矛盾。

文艺复兴（Renaissance）一词由前缀"重新、再次"（re-）与词根"出生、生发"（-naiss-）构成，意即古希腊－罗马文明的重新发现与振兴，然而古希腊文与拉丁文文献中的神明与神话其实再也没能像基督教那样为西方文明提供完整的表达体系。但古希腊神话中某些角色和故事却无疑在新历史时代焕发出极强大的生命力。法国大革命以前，尤其是拿破仑登上历史舞台上前，力挽狂澜拯救万民于水火的英雄原型集中于耶稣的形象。但是在文艺复兴几百年后，基督教背后的宗教体验已远离普通人，永恒的救赎愈发遥不可及，人们渴望在此世消除磨难与不公，获得胜利，并在这个世界创立自己的天国，于是反抗天威并为现世人类带来心灵启蒙与文明的普罗米修斯在法国大革命后的浪漫主义思潮中占据了十分重要的位置。

《拿破仑加冕》
弗朗索瓦·热哈尔德（François Gérard）
作于1805—1815年间

普罗米修斯所对抗的宙斯在埃斯库罗斯的原作之中并未正面登场，他更像是主角英雄与人类头上的一片阴云，一股黑暗、强大却抽象的力量——正好像欧洲革命时，人们所感受到的压迫与不公。而拿破仑的登场，更是让反抗压迫与不公的英雄有了这个世界上的真实化身。拿破仑对文化与思想的巨大影响力，一方面是由于他本人在军事与政治上的成功，但更重要的是因为他在加冕之前的公众形象非常贴合当时存在于每一个欧洲人心灵深处的英雄原型。拿破仑与普罗米修斯的这种对应也成了许多文学与艺术作品中的重要素材。早在1797年，意大利诗人文森佐·蒙蒂（Vincenzo Monti）就受到拿破仑功业的启发，创作了叙事诗《普罗米修斯》，并将其题献给拿破仑——"献给公民拿破仑·波拿巴，意大利军队的最高指挥官（Al cittadine Napoleone Bonaparte, comandante supremo del armata d'Italia）"。18世纪末期至19世纪初期的这段时间内，拿破仑在许多人心中与埃斯库罗斯的普罗米修斯一样，成了英雄、反抗者与人类解放者的象征。[3] 在这个背景之下，尽管拿破仑其人充满争议，但对于1800年前后那些将他视为人类解放者象征的艺术家们来说，他与普罗米修斯类似，成了一系列英雄题材作品的灵感来源。

贝多芬的《第三交响曲"英雄"》（别称《"英雄"交响曲》）在这批文学、艺术与音乐作品中无疑是最伟大的一部，甚至可以说它的影响力已经超越了浪漫主义初期的文学与艺术，甚至超过了拿破仑——因为它至今还在为无数听者的情感与心灵深处带去直接的影响。当然，音乐学与思想史学对于《"英雄"交响曲》所真正致敬的对象至今仍然众说纷纭，除了拿破仑之外，人选还有普鲁士的路易·斐迪南亲王（Louis Ferdinand）、英国的拉尔夫·阿贝克隆比中将（Ralph Abercrombie），甚至贝多芬早年最重要的赞助人马克西米利安·弗朗茨大公（Maximilian Franz）或奥拉西奥·纳尔逊子爵（Horatio Nelson）。我并不想在这里重述历代学者所做过的无数考证工作，因为真正重要的并非"英雄"的名字，而是他所象征的英雄原型。这个原型存在于每个人的心灵深处且蕴含巨大的情感能量，而拿破仑在19世纪开头几年间作为"英雄"的代名词，必然是现实世界中《"英雄"交响曲》背后最重要的创作源动力。

想要理解《"英雄"交响曲》是如何与普罗米修斯的意象相结合并表达人类集体无意识中的英雄原型，我们必须以1801年3月28日首演的芭蕾舞剧《普罗米修斯的生民》（Op. 43）为起点对其进行一些互文本（intertexuality）分析。这部由塞尔瓦托·维加诺（Salvatore Viganò）构思并编舞的芭蕾舞剧在节目单上被称作"英雄—寓言芭蕾"（ballo eroico allegorico），是18世纪末至19世纪初芭蕾舞剧的一种体裁，其主要人物与情景一般来自古希腊—罗马的神话世界。这样看来，普罗米修斯虽然是提坦神（Titan）而非神话中狭义的英雄（一般指神明与凡人结合后所生的后代），但是在芭蕾舞剧《普罗米修斯的生民》中，他作为人类的创造者与启蒙者，毫无疑问是剧中的核心与"英雄"。另外，剧中也包含了"英雄芭蕾"中通常需要出现的击剑舞、凯旋舞与战斗舞等。全剧分为两幕，序曲之后的第一幕讲述普罗米修斯盗火归来，并在自己所塑造的一男一女两尊泥胎（也就是人类的始祖）心中注入了天国之火。这虽然赋予了他们生命，但并没有在他们心中唤醒智识与人性。第二幕中，普罗米修斯将自己的造物带上帕尔纳索斯山（Parnassus）——缪斯女神与阿波罗的圣山——并请诸位神明用各种形式的艺术为他们唤醒人性，其中包括美惠女神的舞蹈（编号 6），酒神的"英雄舞"（编号 8），表现普罗米修斯之死的悲剧场景（编号 9），表现普罗米修斯复生的田园喜剧场景（编号 10），随后则是酒神与其随从的舞蹈与酒神的独舞（编号 11、12），潘神的随从羊人们的三人荒诞舞（编号 13），以及普罗米修斯所创造的女人与男人在拥有了灵魂与人性后的各一段独舞（编号 14、15）。终曲（编号 16）是以著名的乡村舞曲旋律［也就是《钢琴变奏曲》（Op. 35）与《"英雄"交响曲》终乐章的主题］为核心素材创作的回旋曲与尾声。

《普罗米修斯的生民》是一部被低估了的杰作。这是贝多芬创作的第一部大型标题音乐作品，它可以大大加深我们对贝多芬音乐语言的理解。所谓"纯音乐"与"标题音乐"的区分是浪漫主义思潮中文艺批评家们所制造出的神话。事实上，伟大的作曲家几乎从不让自己的构思与创作拘泥于这样的区分。诚如我在本书《< 迪阿贝利变奏曲 > 与贝多芬晚期音乐语言所承载的意义》一文中所论，如果音乐传达意义，就必然有独立于音乐声响之外的参照内容（音乐符号学与"话题理论"正是旨在发现并阐释这些内容）。这些内容为作曲家的表达与听者的理解提供起点，不仅不会减弱音乐的深度或"纯度"，反而能极大拓展表现的范围。作为 19 世纪初维也纳的芭蕾舞剧配乐，《普罗米修斯的生民》需要在音乐内容上与舞台场景和演员行动紧密相连，所以一定是描写型的音乐——也就是标题音乐，在将乐谱与出版于 1838 年的《维加诺传记》中所记载的剧情介绍相对照后便一目了然。[4]《普罗米修斯的生民》在音乐领域简直可以算得上是一部贝多芬中期音乐的"大辞典"，但是我在这里仅仅指出对于理解《"英雄"交响曲》最有帮助的几点。首先是《普罗米修斯的生民》第一幕——"充满活力的快板"（Allegro con brio，与《"英雄"交响曲》第一乐章的速度标记完全相同），普罗米修斯看到自己的造物虽然因神圣之火而拥有了生命，但却全无智识、情感甚至灵魂，于是内心挣扎于是否要毁灭他们。此段音乐在力度起伏、表情、调性，甚至是和声进程等方面与《"英雄"交响曲》第一乐章发展部某个段落几乎完全一致（第 182 − 224 小节），这可以从侧面帮助我们理解《"英雄"交响曲》长大的展开部中一些重要的情感趋向。另外，剧中酒神的"英雄舞"中的第三个插段：

《被瓦肯人束缚的普罗米修斯》
迪克·范·巴布伦（Dirck van Baburen）作于 1623 年

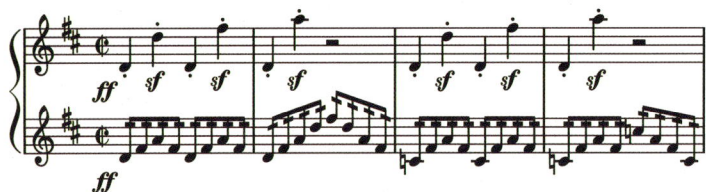

这种多音程大跳与弱拍上突强的音乐在 18 世纪末的歌剧与芭蕾舞剧中往往与击剑的意象紧密相连。《普罗米修斯的生民》中的这一处明显是英雄舞中的一段击剑舞，而《"英雄"交响曲》第一乐章展开部的小赋格段落则与其有着非常明显的相似性（第 257 小节起）：

可以说，在《"英雄"交响曲》第一乐章戏剧性最强的段落中，贝多芬借用了舞台剧中表现搏击与决斗的意象。

通过观察贝多芬谱写《普罗米修斯的生民》（编号 9）的草稿，还可以帮助我们理解《"英雄"交响曲》中的《葬礼进行曲》的尾声。编号 9 表现了主悲剧的缪斯女神梅尔波梅内（Melpomene），通过演绎普罗米修斯之死，让两位人类始祖感受到悲剧的力量。贝多芬在构思这段音乐时，在草稿本上留下了另外两种对结尾的构思。这两段乐思并没有进入《普罗米修斯的生民》的最终定稿，描绘了两位生民对普罗米修斯的哀悼——贝多芬在草稿上写了"普罗米修斯死"（Promethe mort）、"孩子们哭泣"（les enfans pleurent）、"哀泣地"（piangendo）等描述或表情记号（*Skizzenbuch Landsberg 7*，第 111 页，另见第 109 页）：

断断续续且几乎只在弱拍出现的旋律音使其与《"英雄"交响曲》第二乐章的尾声在内容与氛围上十分相近，差别只在于贝多芬加入了一些八度音与代表悲悼的下行二度音（《"英雄"交响曲》第二乐章第 217 小节起）：

《普罗米修斯》
鲁本斯作于 1636 – 1637 年
©Museo Nacional del Prado

这告诉我们，《"英雄"交响曲》中的《葬礼进行曲》的尾声实际是一段挽歌，好似送葬的队列在视野中渐行渐远直至消失。

《普罗米修斯的生民》在编号 9 的悲剧场景之后的音乐有着"田园曲"（Pastorale）的标记，维加诺传记中的剧情介绍记载道："塔利亚用一个喜剧场景打破了这悲悼……与此同时，羊人们的首领潘神（Pan）跳起喜剧舞蹈，让死去的提坦复生。"故而编号 10 的"田园曲"毫无疑问就是描述普罗米修斯复生的喜剧场景，而潘神作为田园与牧歌之神在此处领舞也恰如其分。值得注意的是，田园的意象与大自然赋予生命的能力之间建立了关联。《普罗米修斯的生民》的"田园曲"充满了田园风格音乐标志性的 $\frac{6}{8}$ 拍、闲适的旋律、象征牧笛的双簧管与象征嗡鸣声（drone）的低声部弦乐伴奏等特征，而《"英雄"交响曲》则是在《葬礼进行曲》之后的谐谑曲乐章三声中部段落中通过"号角合奏"（horn call）的符号唤起田园的意象：

"号角合奏"这个符号起源于狩猎时吹奏的号角声，在音乐中以三度、五度与六度的音程组合为标志（尤其是五度音程，但并不一定使用圆号），它唤起的是田园与大自然的意象。通过作曲家的巧妙使用还可以为其赋予密林中的魔幻氛围（如韦伯的《魔弹射手》与《奥伯龙》），以及浪漫主义诗歌般的各种情绪（如贝多芬《钢琴奏鸣曲"告别"》或舒伯特《冬之旅》中的《菩提树》等）。所以，《普罗米修斯的生民》以田园风格的音乐表现悲剧场景之后普罗米修斯的复生，《"英雄"交响曲》也同样通过引入田园的意象暗示了死亡之后的重生。

《"英雄"交响曲》的末乐章主题采用了《普罗米修斯的生民》终曲（编号 16）主段的旋律，这应该是两部作品最为人熟知的关联。在《普罗米修斯的生民》于 1801 年成功首演之后，贝多芬先是选用了终曲的这段旋律并将其编为一首《乡村舞曲》（contredanse）收入《十二首乡村舞曲》（WoO 14, 1801 年底）中。1802 年 10 月左右，他开始以这段旋律为主题创作钢琴独奏曲《降 E 大调变奏曲与赋格》（Op. 35，又称为《"普罗米修斯"变奏曲》）[5]。《"普罗米修斯"变奏曲》的独特之处在于，它并没有以《乡村舞曲》主题为开端，而是先出现了一段"引子，出自主题的低声部"（Introduzione col basso del thema）。这个引子段落最初仅仅是八度齐奏的《乡村舞曲》低声部，之后又加入了"二声部""三声部""四声部"三个段落，让音乐以主题旋律的低声部为主题逐渐丰满起来，之后才正式出现《乡村舞曲》主题：[6]

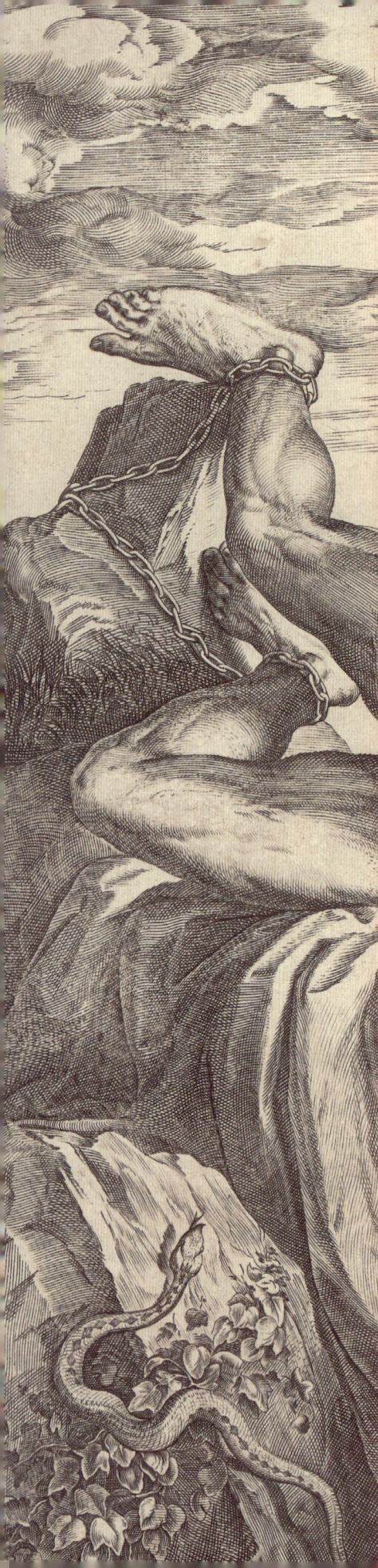

接下来的变奏以《乡村舞曲》主题为主，但低声部主题依然扮演着很重要的角色——低声部主题是第十四变奏的核心，最后的赋格主题也是从低声部主题中变化而来——自始至终都是作品的重要部分，几乎同《乡村舞曲》主题有着相同的地位，甚至可以说《乡村舞曲》的音乐是从开头那无和声的低声部主题中慢慢生长发育出来的。《"英雄"交响曲》的末乐章虽然在各种技法的广度与复杂度上远超《"普罗米修斯"变奏曲》，但基本构思是一致的：低声部主题从最原始的状态逐渐丰满并最终成为《乡村舞曲》的优美音乐，就好似音乐在这个乐章中被从头创生了一次。加入《普罗米修斯的生民》的整体作为另一个参考维度之后，我们可以看到《"英雄"交响曲》的末乐章与这部芭蕾舞剧之间的诸多对应之处：[7] 在开头的暴风雨过后，干涩的低声部主题就像普罗米修斯所创造的两位人类始祖一样，从泥胎的状态开始并被赋予生命；在音乐拥有了《乡村舞曲》的优美灵魂之后，贝多芬又通过无数对位、调性、和声与曲式上的变化（还使用了赋格、鼓号曲、进行曲等多种音乐符号）让音乐的灵魂蓬勃发展并最终甄于极致——就好似《普罗米修斯的生民》第二幕中帕尔纳索斯山上众神用各种艺术形式让人类获得真正完满的灵魂一样。如果说《普罗米修斯的生民》描述了普罗米修斯的造物从泥胎变为万物之灵，那么《"英雄"交响曲》的末乐章则象征了贝多芬的造物——也就是音乐——从最基础、最粗糙的素材成长并发展为伟大的诗篇。

相信以上的简短论述已经足够说明《"英雄"交响曲》对英雄原型的表现与普罗米修斯的形象紧密相连，不过需要特别指出的是，无论是我在本文中使用的"互文本"阐释方法，还是在本书《＜迪阿贝利变奏曲＞与贝多芬晚期音乐语言所承载的意义》一文中使用的音乐符号学，都只是为我们思索音乐作品给出的一些参考基点，这绝不意味着我能够在两篇文章中给出《"英雄"交响曲》等作品所涵盖的全部意象，也不代表人们必须熟知《普罗米修斯的生民》或深谙"话题理论"才能在聆听这些音乐时有所感触。诚然，没有参考的基点，我们无法就音乐发出的声音本身进行思考，但是思考往往并非音乐体验的核心。我们的心灵通过表层意识进行思考，然而音乐则以触动表层意识之下那深厚的无意识部分来唤起我们的情感。情感并不能在心灵中主动控制或创造，而是从无意识部分中自动生发出来，所以无意识部分才是每个人情感的根基。音乐作品以声音为载体，通过象征的方法表现出每个人心灵中所共有的原型。原型是人类心灵中集体无意识部分的内容，同时也蓄积着人的心灵中最多的情感能量。伟大的音乐作品能够以最佳的方式，最为有效地将原型表现出来，故而富含巨大的感染力。《"英雄"交响曲》主要表现的是英雄的原型，但是它与《普罗米修斯的生民》实际上有很大差别：后者表现的是启蒙运动中的重要主题，也就是人类必须通过艺术获得教化才能拥有神性，而《"英雄"交响曲》则更加贴近古典神话（尤其是埃斯库罗斯的《被缚的普罗米修斯》）中的普罗米修斯形象，故而更加直接地表现了英雄的原型。《普罗米修斯的生民》全然没有提到普罗米修斯的受难，而《"英雄"交响曲》的前两个乐章则充满了死亡、黑暗与受难的意象。英雄的受难、死亡与重生是英雄原型的核心部分，在普罗米修斯神话中也都有对应的情节，但是对于贝多芬创作《"英雄"交响曲》来说，同样重要的是作曲家当时的境遇。他在 1802 年 10 月完成《"普罗米修斯"变奏曲》之后立刻开始了《"英雄"交响曲》的构思，而且也正好在同时写下了著名的《海利根施塔特遗嘱》（1802 年 10 月 6 日）。这份著名的文献足够说明，贝多芬在 19 世纪最初几年的生活同样象征了英雄的受难、死亡与重生。他战胜了磨难，胜利地进入了人生的下一个阶段并获得了升华，[8] 而《"英雄"交响曲》则是这个过程的完美浓缩。

通过互文本、音乐符号学等理论可以帮助我们思考并理解作品的内容与意义，但是音乐的情感基础在于它将每个人心灵中无意识深处的原型表达出来。无论是神话叙事、历史人物的个人事迹、音乐、文学或艺术作品，只要能恰切地将原型表现出来，就能够在我们的心中引起共鸣，所以《"英雄"交响曲》与盗火者普罗米修斯的神话至今仍在不断感动着无数热爱生活并积极探索灵魂的人们。

1. 本文中所有引文均由作者根据原文译出。
2. Carl G. Jung, "Über die Archetypen des kollektiven Unbewussten" (Von den Wurzeln des Bewusstseins, Zürich, 1954).
3. Constantin Floros, Beethoven's Eroica: Thematic Studies (Translated by Ernest Bernhardt-Kabisch), New York, 2013, PP. 27—28.
4. Carlo Ritorni, Commentarii della vita e delle Opere coredrammatiche di Salvator Viganò e della coregrafia e de' corepei, Milano, 1838, PP. 47—49.
5. 这部作品今天多被称为《英雄》变奏曲，但贝多芬事实上希望这部作品被称为《普罗米修斯》变奏曲，所以本文将《降 E 大调变奏曲与赋格》称为《普罗米修斯》变奏曲。
6. 作者在谱例中用矩形圈出了低声部主题。
7. Barry Cooper, Beethoven, Oxford, 2008, PP. 141—143.
8. 非常类似于阿诺德·范·热内普 (Arnold van Gennep) 提出的人类学概念——"通过仪式" (rite de passage)。

《普罗米修斯被拴在高加索的岩石上》
科尼利斯·科尔特（Cornelis Cort）作于 1566 年

多少深邃、纯粹而痛楚的瞬间

——女性钢琴家们心中的晚期贝多芬

文／詹湛 (nolix)

引子

······他数小时即兴创作。每次只有少数几分钟的音乐被记下。
这些时刻既不属于十九也不属于二十世纪；仿佛盐酸烧灼天鹅绒之窗，
因此打开了朝向更光滑的天鹅绒的通道，细如蜘蛛网。
现在他们以他的名字命名船舶，香水······

——〔波兰〕亚当·扎加耶夫斯基（Adam Zagajewski）《晚期贝多芬》（李以亮译）

听说一些演奏家在竭力推介贝多芬晚期作品时难免会遇到一些问题，例如，被质疑"所谓最深境界难道就是让人听不懂吗？"诸如此类的问题。记得与贝多芬同时代的小提琴家，兼写有九首交响曲的作曲家路易斯·施波尔（Louis Spohr）曾有过一个观点，大意是他耳朵中的贝多芬《大赋格》总有着一种莫名其妙的恐怖力量。

老资格的爱乐者耳中，一场音乐会以《大赋格》这样的作品结尾，必意味着特殊的含义，虽然有可能好几人摇着头离席。曾经，《大赋格》的音乐风格不受世人欢迎。然而多年之后，作曲家斯特拉文斯基对它无比称赞道："很有现代性。"为何它会被誉作具有"现代性"（而不是其他的词语）？这不好回答。作品里"不受待见"的东西，或许真正掘开了作曲"现代性"的一角。

自从阿图尔·施纳贝尔（Artur Schnabel）、威廉·巴克豪斯（Wilhelm Backhaus）与埃米尔·吉列尔斯（Emil Gilels）等人依次确立了代表着"贝多芬奏鸣曲"艺术的所谓标准后，每一代钢琴家都有幸能以与众不同的角度去诠释贝多芬这三十二首"钢琴新约"般分量的奏鸣曲。其中较晚期的几首作品，则不可避免地涉及更复杂的事情，例如：演奏应当偏向直接还是间接，应侧重悦耳还是深度的内容？

时过境迁。21世纪，贝多芬作品的录音依然如雨后春笋般出现。在这些更接近当代对贝多芬作品诠释的录音中，我们可以观察到，高水平演奏家们的目标已经转变为能自由支配多项技术标准并为己所用的方向，

施纳贝尔演奏贝多芬钢琴奏鸣曲

他们的确也做到了。但在无数前辈经验的积累下，考验也油然而生——如何能在某一端（难度如破开完整的圆弧）的理解上比所有人更精彩一截。

本文试着介绍几位女性钢琴家演奏的贝多芬晚期钢琴奏鸣曲录音版本。假若长期接触贝多芬晚期作品（如《大赋格》），与深刻和悲凉同处一室，耳濡目染之后，女性心灵会如何之变化？既然施波尔都会将这种感受描述为"恐怖感"，而贝多芬的晚期作品也的确会造成观众席的空缺，那么如果长久直面这种情绪，这些不可思议的女性的心灵将如何应对，甚至将作品转为敬畏和崇高的表达？每个钢琴家既是在弹奏贝多芬，也是在弹奏"她们"自己。

1 *Maria Grinberg*

玛丽亚·格林伯格

一位居住在爱沙尼亚塔林的伟大女性钢琴家于1978年——她70岁生日——的数周前去世时,在世界乐坛中仍近乎默默无闻。1908年,玛丽亚·格林伯格(Maria Grinberg)生于乌克兰敖德萨。她天赋异禀,8岁时跟随母亲学习钢琴。她在敖德萨首次登台时演奏的曲目包括格里格和莫扎特的钢琴作品。1926年,她进入莫斯科音乐学院,师从费力克斯·米哈伊洛维奇·布鲁门菲尔德(Felix Mikhailovich Blumenfeld,霍洛维茨的老师),也曾跟随过赫赫有名的大师康斯坦丁·伊古姆诺夫(Konstantin Igumnov)学习。

在莫斯科期间,她凭借对贝多芬《第三钢琴协奏曲》的诠释收获了不少好评。据说,那时她对贝多芬作品的理解力就已经不一般,日后对贝多芬作品的钟爱也许萌发于此。她从20世纪40年代末开始巡回演出,也定期举办广播音乐会。格林伯格在她55岁时获得苏联"杰出艺术家"称号,61岁时方才有教授席位,更不用说彼时在莫斯科音乐学院或柴可夫斯基国际音乐比赛中,从来无人主动提供给她一个评委席位。

就听觉造诣之深,手指机能之老道而言,格林伯格本该列入20世纪最伟大的女性钢琴家之一。何以见得? 1970年,她录制了13张贝多芬三十二首奏鸣曲的黑胶唱片。她在这套唱片中展现出的强烈气质与高水准,恐怕连斯维亚托斯拉夫·里赫特(Sviatoslav Richter)或吉列尔斯听了也会折服。她在保持高强度的坚毅触键的同时,还贡献给我们太多纯粹、柔性、神秘、微妙的瞬间,这些在同时代的大师录音里则很少能听到。

虽然贝多芬的奏鸣曲一直被苏联音乐界重视,但那时却尚未有苏联钢琴家完整地录制它们,所以格林伯格版的贝多芬全套奏鸣曲录音在苏联音乐史上具有重要意义。然而令人诧异的是,苏联的音乐类媒体好像对格林伯格的录音作充耳不闻状,评价一直拖到女钢琴家去世前的三个月,也就是1978年才姗姗来迟。一位名叫尤德尼克的评论家在《玛祖卡》音乐杂志上首次称赞它为"一笔宝贵遗产"。今天看来,是否有失公允?

不如从全集中抽出几首贝多芬晚期的奏鸣曲（Op. 109－111）来听一听她对其的理解［此版本出自 2003 年旋律（Melodiya）唱片公司发行的《贝多芬：钢琴奏鸣曲 28&29》（Beethoven: Piano Sonatas 28 & 29）与《贝多芬：钢琴奏鸣曲 30、31&32》（Beethoven: Piano Sonatas 30, 31 & 32）两张唱片。这两张唱片分别于 1965 和 1966 年录制。］格林伯格的发音从始至终笼罩着一层迷雾，步履沉重，呈暗色调。当然，这除了与当时的录音条件较差有关，格林伯格用的钢琴也吃点儿亏。用立体声播放器播放时，音乐常常有些浑浊，好像时不时地从迷雾中放出重击一般。维斯塔·维拉（Vista Vera）唱片公司出品的单张唱片的效果则要比旋律唱片公司的好得多。斯克里本杜姆（Scribendum）唱片公司在 2019 年出版了她的 34 张厚盒唱片，值得考虑收藏。

对比其他人，格林伯格对贝多芬晚期作品中的对位线条及对每一次和声展开的理解，具备着德奥乐派的严谨。在演奏《第三十奏鸣曲》的第二乐章（"急板"）的开头处时，她的手指有点磕绊。本以为她的手指机能不太适合赋格段，但是我估计错了。进入第三乐章（"歌唱性的"）的后半对位段时，她弹得那么干脆与明确，同时又不失稳健与温存，愈发沉厚的底色更是

无可挑剔。那时，我方才体会到开始那种争夺音符的感觉，可能是想将如通道般的桥梁的切合点交错，便可以像施纳贝尔那样构筑出非凡的音乐建筑。这不由让人动容于她宏伟的想象力。她演奏的贝多芬晚期作品，假如说真有缺憾的话，那就是对比做得还不够充分。不过，这或许也是当时的录音条件所限。

除了磐石般的触键之外，格林伯格的演奏也包含了深刻而广博的自由呼吸，不寻常的速度停顿与纠结，突然降低的语调音量或延宕，斩钉截铁的新动机插入，以及让人窒息的乐句轻轻结束等特征。坦白地讲，她演奏的每个声部，并没有追求着非凡的流动性，只是做好了第一步：力图将经过句弹得准确且富有表情，进而再酝酿、淬炼。我时常愿意将格林伯格形容为一位身材娇小却有着巨人般力气的女子，犹如贝多芬那样扼住了命运的喉咙，也如同贝多芬在爱的追逐失败后，总不断地返回那虚空之中——借助着那不停休的，近乎自我驱逐的暴力表达。

除了完整灌录贝多芬奏鸣曲全集外，格林伯格还分别于 1947 年与基里尔·康德拉申（Kirill Kondrashin），于 20 世纪 60 年代在莱比锡与库尔特·马祖尔（Kurt Masur），合作贝多芬《第二钢琴

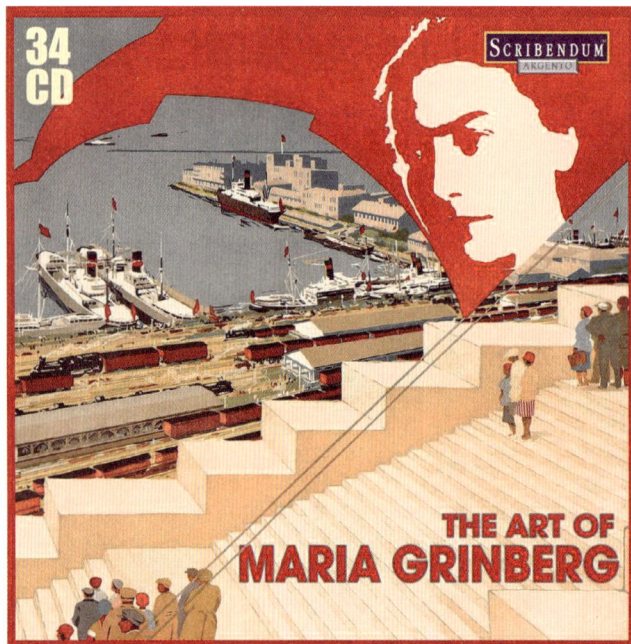

斯克里本杜姆唱片公司出版的 34CD 套装
包含贝多芬的三十二首钢琴奏鸣曲、五首钢琴协奏曲，
舒伯特即兴曲和肖邦玛祖卡等经典曲目

旋律唱片公司出版的格林伯格版
贝多芬钢琴奏鸣曲唱片

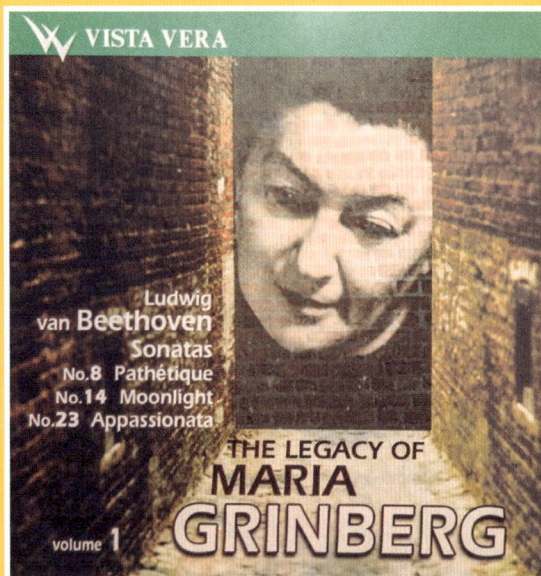

维斯塔·维拉唱片公司出版的格林伯格套装第一辑
包含《"悲怆"奏鸣曲》《"月光"奏鸣曲》
《"热情"奏鸣曲》等作品

协奏曲》。1975 年，她最后一次和乐队合作演奏，选择了贝多芬《第三钢琴协奏曲》。在 1978 年举办的最后一场独奏音乐会中，她演奏了包括贝多芬《第五钢琴奏鸣曲》等作品。六个月后，钢琴家就去世了。

　　虽然格林伯格的曲目演奏量不少，但流传下来的作品并不多，原因之一是部分作品被苏联广播公司垄断。例如，旋律厂牌下的《"俄罗斯钢琴学派"之第十四卷》就涵盖了她自 1947 年之后的精彩表现；在天龙（Denon）公司出版的另一张唱片里，收录了她演奏的阿纳托利·里亚多夫（Anatoly Lyadov），尼古拉·梅特纳（Nikolai Medtner），普罗科菲耶夫与肖斯塔科维奇等作曲家的作品。格林伯格在世时就以对梅特纳作品的准确诠释而闻名。维斯塔·维拉唱片公司将格林伯格演奏的梅特纳的两首小品与拉赫玛尼诺夫的十首前奏曲置于同一张唱片中出版。可惜的是她极少留下过斯克里亚宾作品的录音，不知是否会如斯坦尼斯拉夫·涅高兹（Stanislav Neuhaus）演奏的斯克里亚宾钢琴奏鸣曲那样带给我们深刻的弱奏感觉。此外，格林伯格与杰纳迪·罗日杰斯特文斯基（Gennady Rozhdestvensky）合作过勃拉姆斯与肖斯塔科维奇的协奏曲，而乐迷则更希望听到她演奏的肖邦或勃拉姆斯的作品。

　　格林伯格在塔林去世后，塔林殡仪馆负责人表示拒收她的女儿任何的劳务费用。虽然那时的塔林音乐学院负责人拒绝以组织者身份办葬礼仪式，但殡仪馆负责人却清楚了解格林伯格的身份，愿借此表达敬意。在格林伯格 40 岁左右时，她的身体状况很不好，时而产生幻觉，在检查发现脑部有疾患后，不得不接受了一次手术。

　　我们发现在维斯塔·维拉或珍珠（Pearl）唱片公司的那些早期历史唱片里，钢琴家们颇能投射出一种吉卜赛游牧式的生命形态，而它们在今天"标准化"的音乐现场里基本无法获得。细究起来，随着音乐教育体系的日益成熟与完善，演奏这件事因为必须和生存与收入相连，理智或者说"智力化"的经验，显然对于职业平稳化有很大的优势。这并不是说，现代的唱片中就无一丝真挚的情感痕迹被留驻下来，但是我们应当了解到：有些演奏者仅有空洞的技巧，就能通过良好、高效的临场控制，锻造出量产的优秀录音。不过，它们飞驰而来，又飞驰而去，再怎么也还是属于"音乐会工业"范畴的事物。

© Dudya

2 *Annie Fischer*

安妮·菲舍尔

回顾 19 至 20 世纪的钢琴演奏历史，我总能联想起带有宽大臂状物的星云。在它的端点位置有数道耀眼的白光（那是受惠于录音技术进步的一代），而处于中间位置如"星宿"一般的人物，从我们的视角望去，反而格外模糊。可是，这并不意味着这些"星宿"本身就是黯淡的。由于时代背景因素，与格林伯格相比，安妮·菲舍尔（Annie Fischer）的光，能够更幸运地被人们捕捉到。1914 年 7 月出生于匈牙利布达佩斯，1995 年逝于故乡。菲舍尔年轻时进入李斯特音乐学院，后随钢琴大师艾尔诺·多南伊（Ernő Dohnányi）学习。首次登台时演奏的正是贝多芬《第一钢琴协奏曲》中的两个乐章。

1933 年，她获得了在布达佩斯举办的第一届弗朗茨·李斯特钢琴大赛的第一名。此奖项含金量极高，路易斯·肯特纳（Louis Kentner）在此比赛中才排名第三。显然，菲舍尔演奏的李斯特《b 小调钢琴奏鸣曲》打动了在场的李斯特的学生埃米尔·冯·绍尔（Emil von Sauer）。李斯特比赛也由此成为其"滑"入职业轨道的

最佳节点。不幸的是，第二次世界大战爆发后，安妮·菲舍尔不得不和丈夫一起逃亡至瑞典。丈夫阿拉德·托特（Aladár Tóth）是当时小有名气的音乐评论家和音乐学者。战争结束后，菲舍尔与丈夫在 1946 年一同返回匈牙利。之后，她主要在欧洲举办音乐会，但也会前往其他国家巡演，例如，在日本和澳大利亚就举办过令乐迷难忘的几场演出，在那儿创造了良好的口碑，也吸引众多的追随者。菲舍尔还在布达佩斯与匈牙利传奇盲人钢琴家伊姆雷·安加（Imre Ungar）有过上佳合作。纵观安妮·菲舍尔的曲目范围，以维也纳学派和浪漫主义作曲家创作的作品较多，除贝多芬作品之外，还有许多巴托克、肖邦、舒曼和勃拉姆斯创作的作品。

相比格林伯格几乎没有视频资料的情况，安妮·菲舍尔留下了珍贵的视频资料：如贝多芬《第三钢琴协奏曲》[安陶尔·多拉蒂（Antal Doráti）协奏]、李斯特《第一钢琴协奏曲》、莫扎特《第二十二钢琴协奏曲》（晚年于布达佩斯录制的彩色版本）。

她基本是从 20 世纪 50 年代开始录制唱片的。在 50 和 60 年代，她在"主人之声"（HMV）唱片公司录制了很多作品，如今在但丁（Dante）厂牌下能找到她最早的现场录音。她早期录制的贝多芬钢琴奏鸣曲全集和 2002 年由匈牙利顿（Hungaroton）唱片公司重发的 9 张唱片的套装，是极为珍贵的财产。后来我才知道，安妮·菲舍尔录音文献的缺乏，是因为她自己对其中的很大一部分录音不满意，希望不要出版。她生前更加倾向在现场录音，而抗拒在录音室录制，因为她认为观众的存在能在一定程度上加强一场演出的即兴度。例如，她从 1977 年就开始录制贝多芬钢琴奏鸣曲全集，花了 15 年才完成。但由于她相当强的批评精神，该套唱片在她去世后才得以出版。补充一句，据说这套唱片中存在着重录与粘贴的情况，甚至在钢琴家去世后还在修改。匈牙利顿厂牌的这种做法一度成了乐坛的争议话题。不过，匈牙利顿厂牌在 2014 年发布的菲舍尔的精选集唱片中包括了两首贝多芬中期奏鸣曲，菲舍尔的演奏好评如潮。不久前梅洛经典（Melo Classics）厂牌把一些菲舍尔生前从未发布过的音频材料整理出版后，让人眼前一亮。据说她现存的未出版的音源大多来自匈牙利图书馆中的古典音乐档案、法国广播或者德国广播文献录音档案室等处。菲舍尔的名字没有入选飞利浦（Philips）唱片公司出版的《二十世纪伟大钢琴家系列》专辑，算是一次不应该的遗漏。

　　我如此总结菲舍尔的演奏特色：指下的音色歌唱度很高；尤为擅长营造由远及近，再慢慢消失远去的波澜式意境；演奏有力量却不鲁莽，采取极富魅力与自信的控制。让人羡慕的是（起码相比于格林伯格），菲舍尔在 20 世纪 30 年代刚开始其职业生涯时却拥有了贝森朵芙钢琴，这无疑对她用富有穿透力的音色表现音乐有所贡献。在《第二十九奏鸣曲》第一乐章中，她充分展现了其惊人的"打开度"，纯净而悦耳的轰鸣声比比皆是；在第二乐章（谐谑曲）中，将自由速度和停顿运用得炉火纯青；在《第三十二奏鸣曲》第一乐章中，让人毛发竖立的渐强与

渐弱表现，利用大弧线与起伏获得非凡的效果……但从另一个角度看，她的演奏有时会完全进入个人化的世界，就像《第三十二奏鸣曲》中的柔板，表现得十分开阔但速度有些过慢。她在《第二十九奏鸣曲》中最精彩的段落要属第三乐章（用时将近 20 分钟）的中段：兴许是想把每个高音"咬"到最为清晰，相比塔姬耶娜·尼古拉耶娃（Tatyana Nikolayeva）对同一段落的处理，虽触键不重，甚至可谓轻盈，但那在压抑境况里的超然却更能说服人。尼古拉耶娃往往能精准把握贝多芬最精髓的东西，当她将那些极难的段落弹得开敞、明亮却又不浮艳时，我们看到的全然是一派宗师气象。

　　除奏鸣曲之外，安妮·菲舍尔也录制过贝多芬的其他钢琴作品，但她并未录制贝多芬钢琴协奏曲全集。虽然她好几次在广播直播中弹过《第四钢琴协奏曲》，但是从未以商业合同形式正式录制。她人生中的最后一场公开音乐会于 1994 年 10 月在匈牙利的一个小镇中举办，曲目有莫扎特的钢琴协奏曲。一位名叫安娜·德文尼（Anna Deveny）的菲舍尔的女粉丝，完整录制了这场演出实况，但录音资料仅在资深爱好者之间流传。事实上，那时的菲舍尔正考虑再次访问日本，由于健康状况而搁下。

　　维拉兰普尔德在 2002 年出版的《安妮·菲舍尔的艺术》一书里对菲舍尔的风范作了总结："舞台上的她从来没有遵循某一条固有的路线。她是随着每一时刻的变化而随机爆发出灵感的。"我们自然也会联想到，菲舍尔的技巧与想象力，是足够契合所有舒伯特作品的，可是我能找到的只有她弹奏 D. 960 的录音。在第二乐章里，她演奏的速度比克拉拉·哈斯基尔（Clara Haskil）的版本更慢，并未表现多少充沛的戏剧性，且精巧而诗意的音色好像不同于弹奏贝多芬时的菲舍尔。我想，让人动容的方式有很多种，她能弹奏出贝多芬晚期作品中的痛与爱之深切，大概不影响在舒伯特的作品中完成自然光谱般的融合与连续吧。

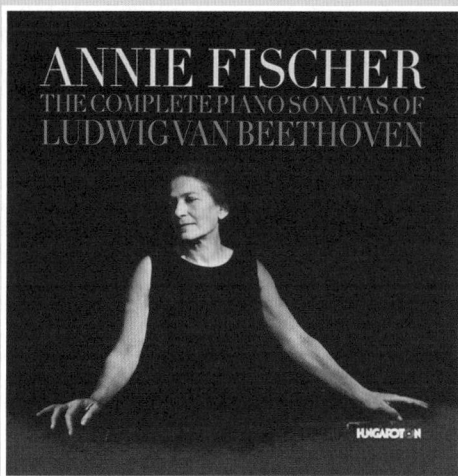

3 *Maria Yudina*

玛利亚·尤金娜

　　俄罗斯学派的演奏家们演奏的贝多芬钢琴奏鸣曲，向来不是一个会被热议的话题，起码热度远小于德奥学派演奏家演奏的同类作品。 只需听一听埃贡·佩特里（Egon Petri）演奏的贝多芬《第三十二奏鸣曲》是如何在情感控制的强力缰绳下做到最大张力的表现，就能明白两种"贝多芬"之间的差别了。不过，俄罗斯演奏体系可以屹立不倒，定然不止源于他们的传人能表现更快的手指速度与更炫的色彩。即使放眼俄罗斯之外，也没有哪个钢琴家能完全无视他们在贝多芬作品上的观念革新。

　　文本空间足够的话，应从弗拉基米尔·索弗罗尼茨斯基（Vladimir Sofronitsky）录制的那版贝多芬作品录音说起。但既然本文主题是女性钢琴家，笔者还是想先谈谈索氏在列宁格勒音乐学院的同窗——玛利亚·尤金娜（Maria Yudina）。

　　尤金娜几乎同格林伯格和安妮·菲舍尔活跃于同一历史时期。她1899年出生于俄国的涅韦尔（Nevel），1970年逝世于莫斯科。她师从安娜·叶西波娃（Anna Yesipova）、李奥尼德·弗拉基米罗维奇·尼古拉耶夫（Leonid Vladimirovich Nikolayev）、亚历山大·切列普宁（Alexander Tcherepnin），以及安东·鲁宾斯坦（Anton Rubinstein）的学生布鲁门菲尔德。"APR"厂牌就将她归入"尼古拉耶夫学派"（Nikolayev School）系列，并以她弹奏的三首贝多芬作品（Op.26、101、106）为标杆展现她的艺术价值。维斯塔·维拉厂牌重要的系列产品——《玛利亚·尤金娜传奇》（The Legacy of Maria Yudina）系列中收录更多她弹奏的贝多芬作品。另外，如对格林伯格的演奏作品打包态度一样，斯克里本杜姆唱片公司也在近年发行了尤金娜的贝多芬钢琴作品的廉价纸盒装（20 余张）。我们可以先听尤金娜的《迪阿贝利变奏曲》。其他演奏家的版本用时多是 50 多分钟，她耗时仅 44 分 33 秒，令人听来颇有快意江湖的即兴意识，强弱洒脱且不拘方圆。当我们观察她演奏的贝多芬第二十八、三十二奏鸣曲时，坚冷的音色处理依旧利落得令人心悸。

假如可以比较的话，她的果敢并不近似菲舍尔的胸怀与魄力，与格林伯格的重剑无锋也不是一回事，而是在速度与即兴感的极端进程中追求着超脱——这与尼古拉耶娃的境界非常接近。在聆听维斯塔·维拉唱片公司出版的《玛利亚·尤金娜传奇》系列唱片中的第 8 张唱片时，可以感受到她对贝多芬晚期作品的理解——发音不见得比所有人精致，但在自由速度

变化下，温暖全然驻留不住，几个小节后渺然消失，化作黯淡、冷漠的喃喃自语。在尤金娜的贝多芬《第十二钢琴奏鸣曲》（Op.26）中的最后一个快板乐章，以及《第二十二钢琴奏鸣曲》（Op.54）末乐章小快板中，可以感受她干脆的跑动完全不带情绪，开始服务于某种孤独的经验——这是她在录音室里再造出来的，得天独厚的经验啊！请注意，低音声部不怎么笃定，而更注重内声部的勾点，高音声部则是泼墨般的毫无顾忌。

用时 9 分 13 秒的《第三十二奏鸣曲》之首乐章即是这种"泼墨化"的体现。就时长看，这版录音的速度比许多其他版本都慢，但撕扯与疼痛感之巨大，再平凡的段落在她指下也变为了有着戏剧高度的东西。与其说她的演奏里听不出太多沮丧，不如说其雄伟的想象力不受沮丧情绪的带动而滚滚向前。释放需求更加迫切的次乐章，尤金娜用时 16 分钟多也绝对不算快［当然比温吞而舒展的恩斯特·莱维（Ernst Levy）弹奏的速度快得多了］。在那惊人的最后 7 分钟里，她弹得有如百鸟衔花，每个分句都镀上了铁器的光泽，似已不再讲究呼吸的精巧感，而是要释放出所有贝多芬的内在。对，还不如说之前是一套内在的导引过程，高速运转后，极大体量，甚至让人睁不开眼的光才刚刚到来。

VISTA VERA

Ludwig van BEETHOVEN
Piano sonatas
№ 5
№ 12
№ 22
№ 32

THE LEGACY OF MARIA YUDINA
volume 8

维斯塔·维拉唱片公司套装
《玛利亚·尤金娜传奇》系列第 8 张唱片

旋律唱片公司发行的玛利亚·尤金娜套装第 2 张

她与格林伯格的共性在于其对"疼痛感"的强调。但是，如果说格林伯格在疼痛面前选择了隐遁的路径，在光与影的对比下追寻着人性要素，那么，尤金娜兴许相信着，仅有通过"疼痛感"才能够抵达那自由而深邃的宗教精神腹地。这当然也不是菲舍尔喜爱的方法——大开阖、曲折而颠簸地闯入腹地。

无疑，历来钢琴家们在对贝多芬晚期奏鸣曲的开垦中，映照出其对美学思想极限之渴求。在与外界交流的前沿区域里，这种极限却常常不为人所知。万达·兰多夫斯卡（Wanda Landowska）、埃德温·费舍尔（Edwin Fischer）、格伦·古尔德（Glenn Gould）和罗莎琳·图雷克（Rosalyn Tureck）等钢琴家都曾那样专注地投入到录制巴赫作品的过程中去（尤金娜能以其深厚的基督教文化背景去理解巴赫，在她之前，人们几乎从未听见过如此单刀直入，如预言一样的开场弹法，简直会让古尔德都深感惊讶），连自己的身心都能忘却一旁。待行至贝多芬晚期奏鸣曲的节点时，又有了人类音乐史上的新奇迹。钢琴艺术第一次如此牢固地与人性、哲思和神性相连，密合

度之甚，致使该纽带在 200 年后的解读里也不见衰减。无形间，这一切使得贝多芬的晚期作品显得愈加完美，好像从虚中浮现，又走向"零"的极境，催得人急忙忙地在有生之年去把握。记得恩斯特·布洛赫（Ernst Bloch）在《希望的原理》一书中说过，伟大的作品总令人有种错觉，时间越久，就越不像它们面世之初那样能被看到缺点。他解释说，实际上它们是在后来的时光中逐渐摆脱了原先的不足，褪去了起初的庄严色彩，从而具备了经受后世考验的能力。

客观地评价，贝多芬的奏鸣曲与协奏曲无疑本质是不同的。晚期奏鸣曲与几首高难度的变奏曲的要求更接近些。因为在这些作品中，真正的材料不是个别主题，不是单独的旋律形式，也不仅是低音声部，而是各乐段互相之间的接续。恰好，当真正的接续驱动力在协奏曲形式中衰亡后，贝多芬创造的奏鸣曲模式更像是一面魔镜，照出了变奏曲式在解决、戏剧性打断、中止进行中的新能力。就这样，较以往的作品，贝多芬的钢琴音乐的内在饱满程度，令人闻所未闻，见之未见。

如查尔斯·罗森（Charles Rosen）所言，《第二十九钢琴奏鸣曲"槌子键琴"》(Op. 106) 比贝多芬写过的任何一部作品都要执着，犹如想要完成一种彻底的不妥协。他补充说："作为风格上的极点，他再无可能去写那么高集中度的作品了。"诚然如此，该奏鸣曲在本质上就是变奏艺术的高峰。但是，迈出了第一步的其实是早先的《"英雄"变奏曲》(Op. 35)——最有意义的升华在最后几个变奏里，变奏曲式所强加的装饰性转折竟消失了。自此，一种寻找着深刻的变奏（如《迪阿贝利变奏曲》）开始与巴赫美丽的变奏（如《哥德堡变奏曲》）分道扬镳。因为巴洛克变奏曲式的线性方法，多年之后毕竟已经不再令人满意。贝多芬的变奏曲，只保留了旋律与和声的骨架，强调并凸显每一个新事件。将变奏曲式中的材料简化，也是为了帮助作品释放一种非凡的想象力，不再有线条装饰过程中的束缚。反过来讲，在该动态构思理念里，缺少复杂的线条装饰元素，但贝多芬在对音乐材料组织的过程中，又奇妙地唤醒了它们如同"自发"般的集中。

谈了许多，"贝多芬奏鸣曲"俨然已成为一门生机勃勃的艺术。晚期奏鸣曲作为其音乐风格发展的极点，所带来的最后问题可能是：许多年里，人们总喜欢以性别来划分对艺术的理解。那么，将"他"或"她"对贝多芬的诠释，放上性别的天平，对不对？我认为，更多的"可听内容"不是直接来自性别，而是演奏家对作品的理解，以及两者之间的联系。显然，在演奏贝多芬的晚期作品时，"疼痛感"是必须的，假如离开如洪水决堤一般的气势的话，是不可能表达出作品的含义的。

纵观玛丽亚·格林伯格、安妮·菲舍尔与玛利亚·尤金娜的演奏，这三位女性钢琴家中的任何一位的触键力度和色彩表达丝毫不逊于男性（这让许多第一次听她们录音的乐迷十分惊讶）。在舒伯特与莫扎特的作品里，她们能将温暖显化；在凌厉勇毅的贝多芬晚期作品里，为柔性留有的余地就少得多。也许正因如此，对"美的艺术"之追求转而一变，将成为对净化力量的激发。回到文首：是否难以进入贝多芬晚期作品的世界？答案仍难以界定。但是，必然有某种力量，会阻止人们将简单的身份、性别，乃至时代之标签粘到对贝多芬作品的诠释过程之中。

"女性的？"不能。
"德奥风格的？"不能。
"俄罗斯的？"也不能。

SYM

PHONY NO. 9

一曲概括古典音乐

——论贝多芬《第九交响曲》的戏剧张力

文 / 谌蕾

贝多芬《第九交响曲"合唱"》（Op. 125）（以下简称《第九交响曲》）是一部在首演时即大获成功的极具力量的伟大[1]作品，自1824年首演[2]近200年来，在音乐表演史上已然留下不少名家名团的精彩版本。作为一部古典时期的巅峰之作，对这部作品的研究也一直是作曲家和音乐理论家关注的焦点，比如美国音乐学家利奥·特莱特勒（Leo Treitler）就不止一次借用《第九交响曲》来深度阐述自己的音乐史学、音乐批评与音乐分析的观念。2020年，全世界大部分地区都受到新冠肺炎疫情的影响，贝多芬《第九交响曲》在很多场合又一次成了人们的慰藉、希望和力量，无论是音乐家们自发的演出，还是电台专题节目。2020年是贝多芬诞辰250周年，在这个特别的时期对这一作品进行再思考与回顾以示纪念很有必要，也很有意义。

首先对贝多芬《第九交响曲》的社会影响力进行梳理。在哈维·萨克斯（Harvey Sachs）撰写的《第九交响曲：贝多芬与1824年的世界》一书序言[3]中，即提及了该作品众所周知的在非音乐领域的影响：如柏林墙的拆除，联合国的成立，战争结束时和平条约的签订等。诚然，这些场合都体现了贝多芬《第九交响曲》的精神。如1989年11月，柏林墙拆除之时，伯恩斯坦指挥上演贝多芬《第九交响曲》成了一个重要的史实，作品无疑表达了人们对"自由"与"和平"的歌颂。在音乐领域有一则史实可以见证这部集古典作曲技法之大成，饱含理性和人性之光的作品享有极高的社会声誉：在瓦格纳的拜罗伊特剧院，一般只上演瓦格纳自己的作品，但是有一个例外，在剧院落成时即上演了贝多芬的《第九交响曲》，且该作品时常在拜罗伊特音乐节（Bayreuther Festspiele）上演出。

除此之外，《第九交响曲》从技术方面对后世作曲家的影响毋庸置疑也是巨大的。其中一个例子就是勃拉姆斯在创作被誉为贝多芬"第十交响曲"的《第一交响曲》时非常艰难，既想延续贝多芬的交响曲传统，又要实现新时代的创新，历经十年才创作完成。创新是艺术家的使命，而一位作曲家能实现持续创新则非常难得。贝多芬一生都在不断实现创新，在《第九交响曲》中更是达到了前所未有的高度。作品在音乐创作手法上的创新，以及通过音乐与歌词所体现出的精神体验，更是让这部作品成为贝多芬最为成功且最富有戏剧张力和影响力的作品之一的关键所在。

1. 〔美〕阿尔弗雷德·爱因斯坦著，张雪梁译，杨燕迪、孙红杰校，音乐中的伟大性 [M]. 上海：华东师范大学出版社，2013年，第89页论及了贝多芬及其在《第九交响曲》中体现出的力量与伟大性。
2. 在《首演》一书中有对贝多芬《第九交响曲》首演盛况的详细记载，见〔美〕托马斯·F. 凯利著，沈祺译. 首演 [M]. 北京：商务印书馆，2011年. 该著作论述了五部作品的首演盛况，其中第三章即是贝多芬《第九交响曲》，第146—238页。其中关于首演的成功有一个广为流传的场面：由于耳疾的影响，直到歌唱家卡罗琳·翁格尔（Caroline Unger）将贝多芬转过身来面向幕前时，作曲家才看到了观众的欢呼鼓掌。
3. Harvey Sachs, *The Ninth: Beethoven and the World of 1824*, Random House, 2010, P.3

在交响曲中加入人声，拓展器乐体裁戏剧性

　　特莱特勒在他的《历史、批评与贝多芬＜第九交响曲＞》一文中指出，"《第九交响曲》的终曲具有吊诡性（paradoxical）。这一乐章是为词谱曲，但它却主要是一部器乐曲。"[4] 从浪漫主义时期开始至今，在交响曲中加入人声已颇为常见。然而，第一位这样做的作曲家是贝多芬，人声的运用是其对交响曲纯音乐表现手段的打破。作品末乐章中四位领唱的安排（比如花腔女高音的运用），纯粹是歌剧的元素。贝多芬想要在交响曲中更多地表现戏剧化的效果。一般而言，音乐作品的不规整性，往往不是首先在器乐上打破的，而是在声乐上打破的：比如咏叹调，由人声旋律的不规整性影响到器乐的不规整，人声的旋律必然会影响和带动作曲家的器乐创作；比如《第九交响曲》中男低音的旋律，低音乐器的进行实现对人声的模仿，器乐的规整性被打破。相信这也是贝多芬如此喜欢戏剧性，并在交响曲中运用人声的原因。

　　他为《第九交响曲》的末乐章挑选席勒的诗歌《欢乐颂》作为歌词，并创作了最为朴实的旋律来作为"欢乐颂"音乐主题。菲利普·G. 唐斯（Philip G. Downs）在他的"诺顿断代史"系列之《古典音乐：海顿、莫扎特与贝多芬的时代》一书中评价道："《第九交响曲》可能基于贝多芬决心表现用博爱之心紧紧拥抱全人类，采用一种理想主义的歌词去传达这明确无误的寓意，并且用人声来体现它；甚至可以说，舞台上的合唱队和管弦乐队就是寓意本身。"[5] "欢乐颂"音乐主题在全世界都家喻户晓，而这个主题也有其特别之处：即在"欢乐颂"主题乐段第四个乐句上的一个明显"闯入拍"的运用，弱拍上的强表现，打破了力度平衡。而在同为"古典三杰"之一的海顿的《第九十四交响曲"惊愕"》第二乐章中，著名的乐队齐奏是在强拍上，即在它所正常应该出现的位置得以出现，比较古典，但是贝多芬的处理则有意打破规整与理性的传统，同时也暗示出作品的戏剧张力，浪漫主义的萌芽已然产生。

4. 〔美〕利奥·特莱特勒著，杨燕迪编选.反思音乐与音乐史——特莱特勒学术论文选 [C]. 上海：华东师范大学出版社，2018 年 11 月，第 7 页。
5. 菲利普·唐斯著，孙国忠、沈旋、伍维曦译，杨燕迪、孙国忠、孙红杰校，古典音乐：海顿、莫扎特与贝多芬的时代 [M]，上海：上海音乐出版社，2012 年 12 月，第 695 页。

左：维也纳帝国皇家剧院，《第九交响曲》首演地

右：女低音歌唱家卡洛琳·翁格尔，在《第九交响曲》首演后将指挥席上的贝多芬转向观众

调整乐章布局，加强戏剧性对比

贝多芬不同于其他作曲家，重点刻画交响曲的第一乐章，而是将《第九交响曲》的重心落在第四乐章上，并将传统的第三乐章"谐谑曲"置于第二乐章。通过这样的处理，作曲家体现了对于"宏大叙事"的追求。正如托马斯·F. 凯利（Thomas F. Kelly）在《首演》一书中指出，"贝多芬《第九交响曲》对乐章次序的重组也在一定程度上造成了乐章相对长度的变化。"[6]作曲家通过四个乐章的巧妙布局来铺垫和表达他"自由、平等、博爱"的人生信条。

贝多芬在交响曲领域的创新包含他在早期作品中，将谐谑曲取代传统的小步舞曲作为交响曲第三乐章的结构范式，这一做法产生了深远影响。在贝多芬交响曲中，将第三乐章明确标记为"谐谑曲"的只有《第二交响曲》与《第三交响曲"英雄"》。但实际上除了《第一交响曲》与《第八交响曲》之外，其他交响曲都包含了富有戏剧性张力和向前动力性的谐谑曲。在《第九交响曲》中，贝多芬将谐谑曲从传统的第三乐章改置于第二乐章，这又是一次打破传统的做法。《第九交响曲》第二乐章"谐谑曲"，幽默且复杂精妙，有让人琢磨不透的开头和丰富的复调织体。作曲家巧妙地使之与其他乐章融为一体。第二乐章"谐谑曲"紧接在沉重的第一乐章之后，与之形成对比，而第二乐章中蕴含的不安，在经历

了舒缓的第三乐章之后，最终在末乐章中得以解决。诚然，作曲家这样的做法无疑也是他对于作品戏剧性节奏进程实现整体把控的需要。在谐谑曲乐章之后，穿插一个标有"如歌的柔板"（Adagio molto e cantabile）标记的第三乐章，再进行到宏大的加入了"欢乐颂"合唱的充满狂喜的末乐章，不仅实现了平衡，同时也加强乐章之间的对比，使得作品的内在张力被最大化调动起来。

贝多芬《第九交响曲》末乐章中加入席勒的诗歌《欢乐颂》作为歌词，由四位歌手领唱，对前三乐章作总结。前三个乐章的主题在第四乐章中均得以再现，作品的结构被不断扩充。前三个乐章的铺垫都是为这一个乐章而准备，但这种总结似乎也是对前三个乐章的否定。贝多芬《第九交响曲》第四乐章结构多变，可以依赖的原则特别多，比如：一个乐章可以拆分成四个乐章的布局思维；可以将其看成一个大的奏鸣曲式，奠定了这一个乐章的地位要比其他几个乐章都高。这个乐章体现了强烈的理性主义色彩——从不断探索，到在"欢乐颂"中找到答案。从某种程度上而言，这部作品加强了戏剧性对比，预示了浪漫主义音乐的"宏大叙事"与"多元结构"，而这种"宏大叙事"在后来的马勒作品中企及巅峰并在之后逐渐衰落。

6. 〔美〕托马斯·F. 凯利著，沈祺译，首演 [M]. 北京：商务印书馆，2011 年．第 152 页。
7. 同注释 3，P.70。
8. 〔美〕利奥·特莱特勒著，杨燕迪编选．反思音乐与音乐史——特莱特勒学术论文选 [C]. 上海：华东师范大学出版社，2018 年 11 月，参见书中第二章《崇拜天籁之声：分析的动因》（杨燕迪、谌蕾译），第 33—58 页。
9. 同注释 7，第 53 页。

以"宗教性"取代"英雄性",从"冲突"走向"狂喜"

在《第三交响曲"英雄"》与歌剧《费德里奥》(Op. 72)中,贝多芬表现出明显的"英雄性"。《第九交响曲》第四乐章中引用的席勒半宗教、半狂喜的诗歌《欢乐颂》,体现出宗教性和哲理性——从自我否定走向自我肯定——并以多元性讨论人生的命运和世界的格局。贝多芬经历了法国大革命的时代变革,同时又经历耳疾等困难境遇。他所生活的时代与他自身的经历都不同于更早期的海顿。贝多芬在作品中蕴含了"四海之内皆兄弟"的情怀,以及对消除分歧的表达。萨克斯在他的《第九交响曲:贝多芬与1824年的世界》一书的第二章中,以与贝多芬同一年出生的德国哲学家黑格尔就职海德堡大学哲学教授时的演讲为例,表明战争之后是哲学和艺术再次赢得关注的时期。萨克斯指出,"在战争岁月里,人们的生活完全被客观世界左右,以至于更高层次的内心,更纯粹的精神世界无法在自由中维持下去……和平时期下的新情况为发展宗教虔诚和爱国主义提供了机会。但他也希望'除了政治和与我们日常生活中息息相关的利益',属于精神层面的科学与艺术将'再次繁荣'。"[7]

《第九交响曲》以末乐章中空前的狂喜作为对前三个乐章冲突的解决。特莱特勒在他的论文《"崇拜天籁之声":分析的动因》[8]一文中以贝多芬《第九交响曲》为例,不仅对作品进行了细致的音乐分析,还指出了音乐分析中只注重音乐结构的分析方法的局限,着重对作品结构之外的精神内涵进行了强调。比如,作者指出在第三乐章中,"关于降D大调还有一些特别之处:它引发了力度和织体的突然改变,出现了长时值音符的对位,而且尤其是谱式上的改变——在某个时刻整个管弦乐队仿佛变成了一架管风琴。这段音乐似乎要以古代风格(stile antico)来呈现严肃的宗教姿态。"[9]作者随后指出,在贝多芬传记中也有迹象暗示,贝多芬认为降D大调是最适合表达宗教暗示的调性。

综上所述,贝多芬作为身处古典主义与浪漫主义之交的作曲家,他的《第九交响曲》是对一个时代的总结。同时,他也具备打破时代风格的能力。贝多芬通过他最后一部交响曲探讨了严肃的人生命题,而且获得了巨大成功。这就是为何在世界上如此多重要的场合需要音乐的时候,非《第九交响曲》不可。它的崇高的立意,作品中所体现的精神,以及对于这种精神的精妙表达等,很难找到替代品。音乐中所能企及的力量是无形的,作品的戏剧性张力也是巨大的。

贝多芬《第九交响曲》是古典音乐或者说严肃音乐的典范之作,如果让我一语概括对于古典音乐的认识,我一定会借用这部作品来予以说明。我想说的都包裹在这一部作品里:它在艺术上的创新,它与时代性的紧密结合,它对人生命题的探讨,以及它的这种探讨所获得认同的广度和深度,都是无与伦比的。

左:席勒
下:1989 年,分割东西柏林的柏林墙

埃本四重奏：

为什么，以及怎么样
在全球完成贝多芬拼图

采访 / 马光辉　Q 橄 = 橄榄古典音乐　A 加 = 加布里埃尔

如果说以贝多芬式的普世主义和理想主义为信条是天真的，
那么，作为贝多芬信徒的我们，甘愿是天真的，并为之骄傲。

没错，埃本四重奏是骄傲的。在过去的一年中，没有哪只表演团体像他们一样，将自己的触角伸向除南极洲之外的六大洲：以费城、维也纳、东京、圣保罗、墨尔本、内罗毕、巴黎为中心，以弓和弦为笔，以贝多芬的四重奏为墨，在全世界绘制了一份"贝多芬肖像"拼图。所到之处，无论是面对维也纳音乐厅台下正襟危坐的贝多芬"专家"，统营（통영）学校里对《"拉祖莫夫斯基"弦乐四重奏》发出胜似"披头士"现场欢呼的孩子，还是内罗毕法语联盟里种族文化多元的听众，他们手中的贝多芬都不曾失望地在听众精神之海上荡起涟漪。而贝多芬式的普世主义，也从来不是在单向道上疾驰的"欢乐号"列车。于是，圣保罗巴卡雷利学院（Instituto Baccarelli）里凭音乐重拾生活热情的 20 位贫困儿童为他们献上了两首节奏惊人的歌曲，惠灵顿的毛利语言文化学校用"富有攻击性"的哈卡舞（Haka）与他们对峙，上海的音乐厅总监则不忘记带他们领略当地特色美食。

　　贝多芬，或席勒，渴望的兄弟情谊，在约翰·列侬的《想象》之后，被埃本四重奏身体力行（Ébène，意为"黑檀木"，琴弓的原料，也是对他们喜爱的黑人爵士乐的致敬）。在这个斥力作用下英国"脱欧"和因新冠肺炎疫情不得不保持社交隔离的此刻，我们迫切渴望一种引力，它可能出现在德国各地响起《欢乐颂》的阳台上，也可能出现在管弦乐团在线合奏的数字音频流中，或者，它可能出现在——如你即将看到的四重奏中提琴手加布里埃尔所说——每个对疫情后的新秩序有渴望的人内心之中。

　　以下采访完成于 2020 年 4 月 24 日，感谢柏林西蒙瑙尔艺术管理（Impresariat Simmenauer）经纪公司的琳达·乌申斯基（Linda Uschinski）和埃拉托（Erato）厂牌宣传总监奥德·德·贾姆布林（Aude de Jamblinne）促成本次访谈。

Q&A

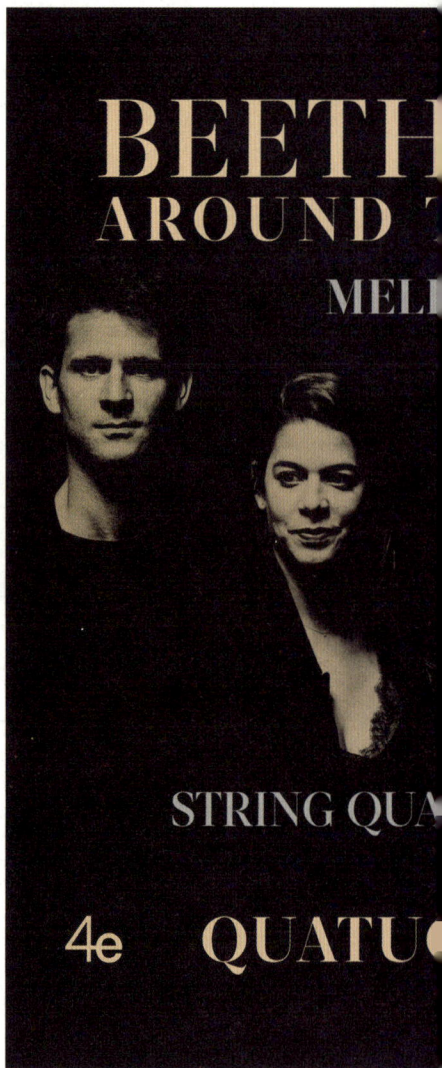

(橄) 你好吗，加布里埃尔（Gabriel），居家隔离的生活怎么样？

(加) 最近的生活很奇怪，好像全世界都按下了暂停键。这时候的巴黎，到处都是春光灿烂的，可我们哪儿也去不了，往年这时候我们肯定都在郊游。你那边好吗，中国怎么样？

CLASSICAL MUSIC

(橄) 看样子已经差不多恢复正常了，餐馆、商店都开门了，就是没音乐会可听。

(加) 全世界都这样，太疯狂了。

(橄) 四重奏其他成员还好吗，皮埃尔（Pierre, 第一小提琴）、玛丽（Marie, 中提琴）和拉法埃尔（Raphaël, 大提琴）怎么样？

(加) 大家都好，我们都用自己的方式练琴，没有像别的组合一样视频连线练习，但我们会用"Skype"视频软件聊天。我们正打算五月底碰个头，届时希望疫情能被控制住。说起来，现在的我们本应该在卡内基音乐厅演奏贝多芬全套弦乐四重奏呢！这段时间唯一的好消息就是，拉法埃尔的第三个宝宝出生了，因为无法出门，倒是有了充足的时间照顾小宝宝。

(橄) 太好了！职业四重奏的日常像是四个人的婚姻生活，是否会觉得挺幸运的？

(加) 哈哈，当然我们与同事相处的时间比跟各自的家人还要多。二十年前我们初创重奏组时也没想过会变成目前的状况。当时我们还都是学生，

埃本四重奏 © Julien Mignot/Warner Classics

《环球贝多芬》唱片项目第5张——"墨尔本"

将全部的生活都献给了音乐，在一起疯狂地练习，一不小心一天就过去了。在一系列学习准备之后，我们在比赛中赢了，职业生涯就此开始。二十年来，埃本四重奏就是我另一个家庭。今年，在某种程度上，也是我们结婚二十周年纪念日。

橄 玛丽是埃本四重奏有史以来的第一位女性乐手吗？

加 没错！我们还在音乐学院时，被别人称为"男子汉四重奏"（Macho Quartet），因为没有女性乐手。马修·赫尔佐克（Mathieu Herzog，埃本四重奏第一任中提琴手）离开后，阿德里安·布瓦索（Adrien Boisseau，埃本四重奏前任中提琴手）在重奏组中与我们合作了三年。主观上我们并没想要一个全男子组合，但后来觉得可能潜意识中已经习惯了这种组合，毕竟我们和马修在一起演奏了十五年。阿德里安离开后，我们有四五个可选择的中提琴手，其中两三位是女性，然后玛丽就出现了。她展示出了很强的适应能力，她丰富的室内乐演奏经验给我们带来很多惊喜。结果不出所料，她也让我们的组合更加稳定。随着年纪的增长，我们几位（男性）成员在相处过程中也有了更多的智慧。

埃本四重奏在大洋洲 © Association Quatuor Ébène

橄 现在让我们把注意力放在你们的"环球贝多芬"（Beethoven around the World）项目上。这个项目开始于 2014 年在卡内基音乐厅中的一场音乐会。演出结束后，杰瑞米·格芬（Jeremy Geffen，时任卡内基音乐厅艺术顾问）邀请你们在 2020 年重返卡内基音乐厅演奏全套四重奏，以庆祝贝多芬诞辰 250 周年。最后，这一系列演出是怎样演变为世界巡演的呢？

加 这对我们来说是很大的挑战。杰瑞米邀请我们于贝多芬年在卡内基音乐厅独家上演全套贝多芬弦乐四重奏，他的邀约令我们倍感荣幸。演奏全套贝多芬弦乐四重奏对任何一个室内乐组来说，都是一种成就，但我们不能确定的是，如此大规模的曲目，是否仅仅在卡内基上演一次就行了。当时我们可以演奏六七部四重奏吧，还有约 60% 的曲目需要练习。如果一年拿下两三部，六年的时间足够我们完成。但仅（在卡内基）演奏一次，对我们来说未免过于冒险。因此，我们就"巡演"这套曲目询问了位于柏林的经纪公司经纪人的意见，他们给出了肯定的答复，那我们就放心了。如此重磅的曲目，2020 年又是贝多芬和我们的双重纪念年，那为什么不录制发行呢？于是我们就打算用 2019 年一整年的时间来录音，2020 年再以全套四重奏形式巡演。这些计划都是一点点想出来的，每次都出现新的挑战。很多四重奏组都选择在录音室录制贝多芬的作品，而我们觉得现场的贝多芬才更有魅力。

贝多芬的四重奏在各个方面都是令人震惊的。如果你在现场聆听，它可以是暴力的，激情的，富有灵性的，温柔的……，包含太多可以直击人心的音乐瞬间。于是我们就想在不同城市进行"准"现场录音。我之所以说"准"，是因为如果要完成一套曲目的录制，我们会录制一场现场音乐会，同时也会在录音室录制两三次，用来弥补现场的不足，说白了就是在现场和排练时都要录音。在之后一年的后期制作中，我们尽量还原现场感，尽管它不是完全的现场录音，但每张唱片的最终成品主要还是由现场录音构成。三年前我们真正开始这个项目时，我们还有一些自我怀疑，觉得曲目太难，也许对我们来说演出全套作品为时太早。现场录音也给了我们很大压力，我们担心无法保持演奏水平，但我们尽力做到了最好。我们也得到了贝多芬的帮助，得到来自他音乐中传递出的普世的、博爱的、兄弟情谊的信息。这趟环球巡演中最重要的回忆，就是与不同国家的、不可思议的普通人的相遇。那是我们第一次造访中国，我们用可能是最令人震惊的四重奏《大赋格》与新的观众相见。《环球贝多芬》唱片项目的主旨就在于与新的观众建立联系，不管是新西兰、中国，还是肯尼亚。尽管现在的情况让人不安，但只要想起去年的环球巡演，我们就十分兴奋。

《环球贝多芬》唱片项目第 2 张——"维也纳"

左起：加布里埃尔·勒·玛戈杜赫（Gabriel Le Magadure，第二小提琴），玛丽·希勒姆（Marie Chilemme，中提琴），拉法埃尔·梅尔兰（Raphaël Merlin，大提琴），皮埃尔·科隆贝（Pierre Colombet，第一小提琴）
© Julien Mignot/Warner Classics

橄 2019 年造访六大洲的巡演，想必是十分繁忙的行程，你们如何安排排练、演出和休闲的时间？

加 有点矛盾的是，虽然 2019 年我们在世界各地演出，但其实我们在巴黎的时间更多了。平常我们一年会有九十到一百场音乐会，但去年只有四十场，因为我们需要更多的时间打磨全套曲目。例如，在亚洲巡演前，我们在巴黎排练了三周，随后出发巡演最多五场音乐会，然后返回巴黎剪辑录音。基本上以这样的节奏巡演——三周排练，五到十天演出，一周休息和剪辑，随后再出发。虽然压力很大，但我们在家的时间更长了。奇怪的是，我们在 2019 年花了大量功夫录音，2020 年正值世界巡演的好机会，可现在我们只能待在家。

橄 在排练时与其他成员意见不合怎么办？

加 你是说"吵架"吗？当然会了。二十年中我们换了两次中提琴手，而且成立时，第二小提琴手和大提琴手也不是我和拉法埃尔。每个乐手加入都会达成新的平衡。我记得马修还在时，他和皮埃尔构成了四重奏强势的一半，我和拉法埃尔则是安静的另一半，尝试作出平衡。乐队新的构成到现在已经有三年了，我们互相都作出了努力以达到平衡。我们对每个乐手都展示出尊重，也因此更加有序；同时，秩序也带给了我们相处的智慧。当然，争论是不会少的。无论是作为乐手还是作为个人，每个人都有自己要捍卫的东西，在这面前，我们不会也不该退让。在四重奏中生活是对民主的修行，与三个非家庭成员生活在一起，需要调整自己的行为。于我来说，这也是对生活的修行——数字"4"不像"3"或"5"，很多时候并不会出现多数与少数的对比情况，但如果你可以认可自己，你也就可以认可他人，这是我发现的通向平衡的精神之路。

橄 埃拉托 (Erato) 厂牌出版的《环球贝多芬》CD 套装介绍册里有很感性的文字。相较于音乐的介绍，它更加关注在你们的环球之旅中每一站发生了什么事情，充满了纪录性。那么,作者是谁呢?

加 你是不是看到最后的署名是埃本四重奏？但大部分文字都是拉法埃尔——我们的大提琴手写的。他既能作曲，又能写作，每段旅程结束后，他总是第一个做记录。我记得在前往大洋洲演出时，路上飞了三十六个小时，他是唯一一个全程没睡觉的人。每次我们几个醒来都看到他在笔记本电脑上写着东西。大约一周后，演出结束，他发给我们他写下的文字，

埃本四重奏与"贫民窟经典"管弦乐团联合演出 © Association Quatuor Ébène

并说道："这是上次旅程中发生的事情，你们看一下，给我点意见。"你也看到了，他确实很会写。我觉得他从五年前这个项目刚开始时就十分投入，世界巡演纪录片的制作也得益于他的坚持。

橄 十六部四重奏外加《大赋格》，你们如何在七个巡演地分配这些曲目？

加 怎么说呢，所有曲目就像一个有着多出口的迷宫。别的四重奏，例如，贝尔希亚四重奏（Belcea Quartet），可能选择了不一样的出口。因此，曲目的安排其实靠感觉。对我们来说，哪部早期四重奏和晚期四重奏可以搭调，哪两部中期四重奏排在一起演出，这样的安排有种游戏感。当然，录制唱片有一个不能忽视的因素就是时长。我们在亚洲录音时就犯了错：作品 59 之第三号《"拉祖莫夫斯基"弦乐四重奏》、作品 130 和作品 133《大赋格》的总时长超过了 90 分钟，尽管我们爱死了这样的安排。我觉得我们应该在估算时忘记了《大赋格》，因为它本来也该是作品 130 的一部分。最后，在我们的坚持下，唱片公司从技术上解决了这一问题，使我们的想法得以完整呈现。

> **编注**
>
> 《大赋格》本是作品 130 的终乐章，因其过于先锋而被担心商业前景的出版商建议重写替换，贝多芬随后以作品 133 的单乐章四重奏出版《大赋格》。

橄 在柏林的皮埃尔·布列兹音乐厅，你们坐成方形演奏，观众在一周包围你们，像是被蛋白包裹的蛋黄。这场演出跟其他演出有什么不同吗？

加 说实话，这样演奏其实有点儿困难。我们在排练时经常会这么坐，那可以让我们更好地专注于音乐和观察对方等方面。但演奏时就比较困难，它给我们一种排练的感觉。对周围的观众来说，方形其实是封闭的。我和贝尔希亚四重奏讨论过这一话题，他们经常这样演奏，但也有同样的问题。虽然丹尼尔·巴伦博伊姆（皮埃尔·布列兹音乐厅创始人）希望我们如此，以达到最棒的音乐效果，但我们都觉得，排练时问题不大，演奏时可能就要再考虑一下。当然，这对音乐家和观众来说，都是一种体验，如果我没记错的话，我们还在下半场调换了座位，这样观众就能看到不同的音乐家了。

橄 是否有一种和观众"失联"的感觉？

加 一方面，乐手之间的联系增强了；但另一方面，乐手与观众的联系减弱了。说到底，这是一种体验。虽然我们有些挑剔，但最后效果还不错，我们也很开心。但是有一点可以明确，我们不会一直这么演奏，在我看来这不是室内乐演奏的新方向。

皮埃尔·布列兹音乐厅 © Volker Kreidler

🎵 **在旅途的第六站，你们去到了肯尼亚内罗毕法语联盟（Alliance Française）的报告厅演出，那是一个专业的音乐厅吗？**

🎵 不算是。虽然法语联盟尽了最大努力帮我们，但那场演出应该是巡演中最困难的一场，音效很像在影院演奏，比较干。我们在唱片后期制作中做了处理，不然这张唱片与其他的差别会太大。虽然在肯尼亚演出困难很大，也许是最大的，但我们并不太在意，因为我们最在意的是与新观众相遇。那是我们第一次在非洲演出，但那场音乐会相较于我们在当地的生活，也显得无足轻重。在一场"音乐的艺术"（The Art of Music）[编注：位于内罗毕的公益组织，由伊丽莎白·恩乔罗格（Elizabeth Njoroge）女士创办，旨在用音乐艺术教育和帮助当地贫困儿童] 组织的音乐活动中，我们与他们的"贫民窟经典"（Ghetto Classics）管弦乐团一起来了一场露天音乐会。乐手来自肯尼亚最大的贫民窟科赫戈乔（Korogocho），都是八到二十岁的年轻人，他们学习音乐是用来救命的，因为周边的环境太危险了。我们在这次世界旅行中期待这样的经历，大家都很感动。音乐会开始，我们演奏了作品 18 之 4——《第四弦乐四重奏》的末乐章。贝多芬音乐的极致张力令他们震撼，他们甚至会随着很强（fortissimo）的中段发出赞叹声，过会儿又转为大笑。这完全是我们期待中的贝多芬音乐会带给观众的感受。不夸张地说，在我们的巡演地图上，他们是离贝多芬最远的，但突然，他们却是离贝多芬最近的。他们不是我们在亚洲和欧美巡演时会遇到的安静文明的观众——这些人甚至不敢在乐章间鼓掌。恰恰相反，他们对音乐的反应是直接和真诚的。一趟环球旅行下来，我们在各地都遇到了新的观众，这很有意义。我们选择做贝多芬和新观众之间的桥梁。

🎵 **为什么要选择在内罗毕演出作品 135？这可能是对观众智识要求最高的四重奏作品了，必须如此吗（Muss es sein）？**

🎵 必须如此（Es muss sein）！哈哈！虽然要求高，但（聆听完）会有种慰藉感。这部四重奏的结构天马行空，除了在慢乐章中，四个乐手几乎不会同时演奏。作品 135 可能更加关注自然，关注人类不再那么重要的时刻。人类灭亡了，自然依然在。这种对自然灵性的追寻也许和这个以自然著称的国家有某种联系，那为什么不呢？

🎵 **观众的反应怎样呢？**

🎵 超乎预料。在法语联盟中，有不同肤色的观众，有来自贫民窟的乐手，有期望帮助肯尼亚的外交官和大使，语言、文化和种族都是多元的。我们又一次见证了贝多芬追求的博爱和兄弟情谊，这也是作品 135 传达的信息。

> **编注**
>
> 在作品 135 末乐章中，贝多芬在标题中这样写道："Der schwer gefasste Entschluss: Muss es sein? Es muss sein!"意为："困难的决定。必须如此吗？必须如此！"

埃本四重奏在大洋洲 © Association Quatuor Ébène

橄 在你们去过的所有地方中，每个人都能和贝多芬的音乐达成共鸣吗？

加 最让人印象深刻的还是在肯尼亚，你能从观众的脸上看出那种复杂的情绪。他们自己都没想到会被贝多芬的音乐触动。在新西兰也是，毛利人用攻击性很强的哈卡舞迎接我们，我们用"严肃"四重奏——《第十一弦乐四重奏》（Op. 95）——"还击"，两种文化发生对话，冲击力极强。在韩国，我们在超过七百名学生面前演奏贝多芬作品和爵士乐。这些八到十六岁的孩子对音乐反响热烈，他们的笑声有时甚至盖过了音乐本身。在贝多芬和大众之间，由我们音乐家，将这些接近两百五十岁的音乐带给新观众，赋予它们新的生命。你无法想象我们有多快乐。

橄 你对上海的记忆是什么？

加 上海太棒了，她是我们亚洲巡演的第一站。音乐厅很棒，观众多数是年轻人，甚至坐在观众席前五排的都是学生。你知道我们可是习惯了年纪大的德国式的观众——他们接受过高等教育，对音乐很了解，但为下一代表演是完全不一样的。音乐厅的总监还带我们吃了一顿大餐，抱歉我忘记了名字。总之，我们受到了最好的招待，也尝试了几天中国式的生活，永远不会忘记那段日子。

橄 埃本四重奏也是"贝多芬田园"项目（Beethoven Pastoral Project）的大使，你们是如何与他们合作的？

加 在这次健康危机之前，环境和生态问题已经引起了全世界的注意。因为我们的环球巡演计划，"贝多芬田园"项目负责人联系我们为此项目代言。但矛盾的是，我们的世界巡演可能没那么环保。于是我们和法国航空公司就碳补偿达成合作意向。虽然我们飞得更远了，但因为我们巡演的次数变少，就像我刚才说的，也相对环保了一些。

> **编注**
>
> "贝多芬田园"项目是波恩官方"贝多芬2020庆典"项目之一。艺术家和演出团体可以自愿报名，在世界地球日、联合国世界环境日或6月5日前的任一天演奏他们自己版本的《第六交响曲"田园"》。

橄 去年我们见证了16岁的格雷塔·屯伯格（Greta Thunberg）成为《时代》年度人物。你是否同意"环保主义是21世纪的人道主义"这一说法？

加 完全同意！这次的危机给我们上了一课，我不想这么说，但如果危机过后我们还是这样，那就意味着我们什么也没明白！之前，时间总是悄然飞逝——我们忙于排练，忙于网络社交，忙于演出。在这次隔离中，我们应该记住它给生活带来的积极改变。就我个人来讲，我从没这么放松过，我会花时间在我想做的事情上——练琴、做饭，甚至洗碗，我都更有耐心。所以我希望，危机过后，我的心灵还能保持如今的慢节奏。在贝多芬的时代，人们不可能在一天之内到达世界的另一端，我们如今也是。

格雷塔·屯伯格 © Anders Hellberg

埃本四重奏在维也纳音乐厅 © Association Quatuor Ébène

橄 你不想重返过去的常态吗?

加 我明白这场危机对很多人意味着灾难,经济也急需恢复运转。作为音乐家,我也希望重返演出的常态,我十分怀念舞台和音乐会,但是我希望这场危机可以滋生出另一套平行的生活准则。在那里,规则并不会发生很多改变,但有过这次经历的每个人都会对生活作出调整。我也希望,那些作出决策的大人物,在此之后可以展现出更多人性。

橄 在环球巡演的最后一部分,你们到了英国。在介绍册中,拉法埃尔也说这可能是最后一次进入"欧盟的英国"了。英国"脱欧"对你们有什么影响吗?

加 目前还没有直接的影响,上次在伦敦威格摩尔音乐厅演出后,我们已经很久没有重返英国了。伦敦是世界音乐产业的中心之一,我们将来肯定会经常造访,威格摩尔音乐厅的音效也是我们的最爱之一。如果"脱欧"会影响艺术家的流动,那就是一场灾难。我希望英国最后不会变成一个只欢迎本国音乐家的国度,虽然他们有足够好、足够多的音乐家。对我来说,"脱欧"的决定是很奇怪的,我不希望以后造访这个距离巴黎两小时火车车程的国家时还需要签证,那太夸张了。

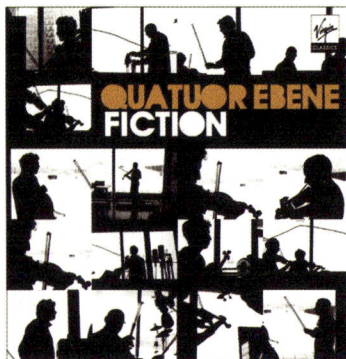

埃本四重奏唱片《虚构》

橄 幸运的是，你们在新冠肺炎疫情暴发前完成了这张环球贝多芬拼图，但是 2020 年的一切计划都是暂定的。对此你们有什么打算吗？

加 如你所言，如果疫情暴发早一点儿，我们就无法完成环球巡演，也就没有后续的唱片发行。2020 年，我们理应巡演一百二十场，补上去年的财政损失。从 2021 年 1 月 21 日起，我们将有八个月的假期，这是二十年来我们从来没有过的。但现在，一切都说不定，明年说不定我们还是要花足够多的时间去演出而不是休假。也许到了 2020 年秋天，形势会明朗一些，但那时候留给我们的时间也不多了。两年（2020 年和 2021 年）只演二十场太夸张了。2021 年我们休假回来后，会着手三个项目。其一，是与贝尔希亚四重奏合作的八重奏计划，演奏乔治·埃内斯库（George Enescu）和门德尔松的作品；其二，是两次欧洲巡演，我们会与单簧管演奏家马丁·弗罗斯特（Martin Fröst）合作。另外，我们也打算录制一张关于"夜晚"的唱片，携手中提琴家安托万·塔梅什蒂（Antoine Tamestit）和大提琴家尼古拉斯·阿尔施塔特（Nicolas Altstaedt），演奏亨利·杜提耶（Henri Dutilleux）的四重奏《这般的夜晚》（*Ainsi la Nuit*）和勋伯格的六重奏《升华之夜》，中间穿插一些我们自己改编的与夜晚主题有关的爵士乐，比如《月亮河》。

橄 类似之前的唱片《虚构》（*Fiction*）吗？

加 不太是。这次更加关注古典音乐，即使是改编爵士乐，灵感也来自巴托克。说起《虚构》，我们还在计划一个巴西版本的录音，可能全都是爵士风格的作品，但只有弦乐，没有管乐。我们也打算歌唱，玛丽的声音特别棒，她给了我们各种可能性。

橄 最后一个问题，如果让你提名一位可以与那个时代的贝多芬名气相当的在世作曲家，会是谁呢？

加 你是说可以像贝多芬一样有数世纪影响的作曲家吗？哈哈哈！就我个人来讲，我的第一反应来自流行音乐界——电台司令乐队（Radiohead）或者大举进攻乐队（Massive Attack）。他们的音乐在有几个世纪历史的古典音乐之后令我触动，甚至有着类似贝多芬的惊人结构，每张新唱片都带给我新的思考。如果在古典音乐界，那会是厄特沃什·彼得（Eötvös Péter）或者托马斯·阿德斯（Thomas Adès）。阿沃·帕特的音乐对我来说很私人，他极简的和声构造让我聆听时可以抛弃自己作为人的身份状态，但我还是偏好另类音乐（alternative）。

这几部
贝多芬作品，
你可能没听过

文 / 陈素妮

在音乐史上，每位作曲家都有几部"标签式"佳作，这些作品通常反映他们最典范、最独到的作曲技法和音乐风格等特征。只要提到这些作品，我们马上就能将它们与之相应的作曲家对上号，如《"惊愕"交响曲》之于海顿、《大地之歌》之于马勒等。一方面，有这样的作品固然好，它能吸引更多听众通过某部经典的交响曲、协奏曲抑或是室内乐作品，去进一步深入了解、认识与之相关的作曲家，更甚者还能凭借佳作青史留名。另一方面，长此以往，这也不免限制作曲家在人们心中的印象。实际上，除了这些"代表作"外，几乎每位作曲家都还有着许多值得我们聆听并深入挖掘的精彩作品。

对贝多芬来说，无论是《第五交响曲"命运"》开篇便迎面袭来的"命运"动机，《第九交响曲"合唱"》里那段人尽皆知的"欢乐颂"旋律，还是因"月光"之名誉满天下的《第十四钢琴奏鸣曲》，都让无数人为之着迷。这些伟大且鲜亮的代表作频频重演，将经典"贝式"音乐风格深入人心的同时，也塑造了公众心中"固有"的贝多芬形象。然而，贝多芬同每一位伟大的艺术家一样，其光辉夺目的代表作背后仍"潜伏"着大量鲜有问津的动人篇章。因此，若要真正了解这位桀骜、不凡的音乐家，我们就绝不能止步于此。

Deutsche Grammophon Gesellschaft

Beethoven: Wellington's Victory · Marches
Berlin Philharmonic · Winds of the Berlin Philharmonic
HERBERT VON KARAJAN

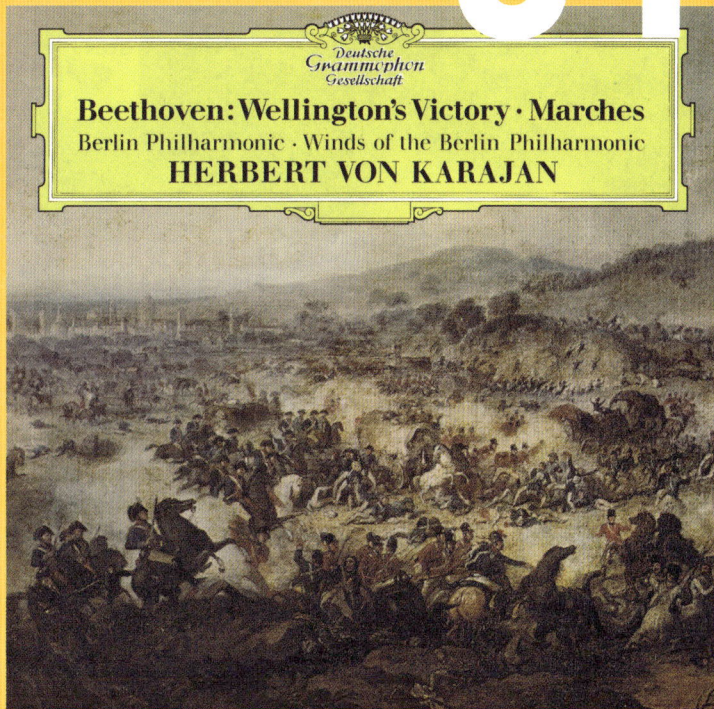

1813	Wellingtons Sieg
Op.91	威灵顿的胜利

　　与贝多芬其他严肃作品不同，《威灵顿的胜利》带有明显迎合大众热情的倾向，甚至有学者将其看作是贝多芬"轻浮乐曲的里程碑"（monument of trivialities）。但恰恰如此，我们才可从中窥得贝多芬少有的世俗的一面。事实上，被众人神化的他同样无法完全抵制地位、名利的诱惑。这部作品是他应奥地利皇家"宫廷机械师"约翰·内波穆克·梅尔策（Johann Nepomuk Maelzel）之邀，为庆祝威灵顿将军率领的英国军队在维多利亚战役中取得胜利而作。哪怕该作品自身的艺术价值确实远低于贝多芬创作的正常水准，贝多芬依然给予其正式的作品编号并出版，还特意将其安排在重要的音乐会上进行首演。由此可以看出，贝多芬对于公众认可与经济安全仍怀揣着十分深切的渴望。

　　整部作品共分为两大部分。第一部分选用歌曲《统治吧，不列颠尼亚》（Rule Britannia）与《马尔伯罗》（Malbrouck）中的旋律，分别指代英国军队与法国军队：用军鼓、小号等乐器演奏的《统治吧，不列颠尼亚》描绘了硝烟弥漫、炮火纷飞的战争场面；而稍显孱弱的《马尔伯罗》旋律则早早预示了法军的败兵下场。第二部分则由英国国歌《上帝保佑国王》的主题旋律开始，最后以华丽的赋格段落直接导向激烈、恢宏的尾声，仿佛是威武的威灵顿将军得胜归来。只不过，在音乐里，这场"胜仗"，由贝多芬亲自指挥。

1816	An die ferne Geliebte
Op.98	致远方的爱人

　　贝多芬唯一的声乐套曲《致远方的爱人》以其精妙的诗曲结合，以及情感与结构的统一性令人惊讶。作品以"爱情"为主题，以单一的叙事结构串联六首歌曲。演唱时，要求歌者一气呵成，曲间由钢琴巧妙自然地连缀，处理方式十分独到。作为音乐史上第一部声乐套曲，《致远方的爱人》为后世同类作品的创作提供了蓝本。特别是舒曼、舒伯特、勃拉姆斯等浪漫主义者，他们基于这部作品，以更加个性且浪漫化的方式铸造出《诗人之恋》(Op. 48)、《冬之旅》(D. 911)、《美丽的马格洛纳》(Op. 33) 等传世之作。

　　正如其诗作者阿洛伊斯·耶特利斯 (Alois Jeitteles) 在诗歌中所写的那样——"用爱的歌声奉献我心"，贝多芬似乎也正是通过这一套曲中更为感性、柔情的一面，表达了对美好爱情的向往。1812 年，他写下著名的书信《致不朽的爱人》，并倾诉道："你的爱情使我幸福，但同时也使我坠入了深渊。"这让我们不禁感慨，看似一生桀骜不驯、自负倔强的贝多芬，在不得之爱面前也同样会变得卑微与脆弱。他将所有的情感都投入到这一套曲中，藉由旋律与诗歌，大胆地道出对远方爱人的深切爱恋与思念。此外，在作品诗乐绝妙契合的当下，唱词中与爱人天各一方的寂寥与悲愁，也在音乐中幻化为温情、恳切的浪漫景象——耳畔的"山峦""蓝天""鸟儿""五月鲜花"等乐象不断振翮上升，将作品所具有的激越与浪漫幻想不断扩展，而这近乎完全迥异于贝多芬典型的"英雄"风格。

03

BEETHOVEN

Cantata on the
Death of Emperor
Joseph II

Cantata on the
Accession of
Leopold II

Soloists
Chorus Cathedralis
Aboensis
Key Ensemble
Turku Philharmonic
Orchestra
Leif Segerstam

1790	Kantate auf den Tod Kaiser Josephs II.
WoO 87	约瑟夫二世皇帝逝世康塔塔

　　作曲家青年时代的作品往往既有其成熟创作时期的剪影，又有一股子年少轻狂的魄力。1790 年，年仅 20 岁的贝多芬应约为罗马帝国皇帝约瑟夫二世的葬礼谱写音乐，于是便有了这部《约瑟夫二世皇帝逝世康塔塔》。虽然我们无法得知，如此年轻的贝多芬为何能获得如此重要仪式音乐的委约，但就他在这一年内频繁为皇帝创作音乐来说，我们可以发觉，当时的贝多芬对于帝制仍然是抱有崇敬心理的。

　　这部作品时长达 40 分钟，是为合唱、独唱组及交响乐队而作。音乐的整体构架十分宏大且巧妙，展现了青年贝多芬在音乐创作方面所具有的巨大能量。可惜的是，由于一些不明原因，这部作品并未在贝多芬有生之年出版或首演，直至 1884 年才逐渐为世人所知。不过，虽然这部早年之作在当时未得重视，但著名的音乐评论家爱德华·汉斯立克（Eduard Hanslick）及作曲家勃拉姆斯都在聆听后对这部康塔塔大加赞赏，并称《约瑟夫二世皇帝逝世康塔塔》是"货真价实的贝多芬之作"。实际上，仅就作品中贯彻于 c 小调上的悲剧性因素，我们就可寻得几分贝多芬日后宏大篇章"命运"之雏形。不同的是，在这里他将笼罩全曲的压抑感、沉重感与看似简朴的绝美旋律相融合，让音乐更多地传达一种抚慰之情，而不是与命运的殊死搏斗。另外，在作品中，我们还可以清晰地发现歌剧《费德里奥》中的重要因素，如《约瑟夫二世皇帝逝世康塔塔》里的女高音咏叹调《于是人类迎接光明》（Da stiegen die Menschen ans Licht）就在该歌剧的终场里再次响起。

　　也许在贝多芬一生的音乐成就中，上述三部作品并不具有里程碑式的意义，但通过聆听这些作品，或许能还原出一个真实的艺术家形象。因为，哪怕是贝多芬，也会有许多令人意想不到之处。褪去"神化"的外衣，"乐圣"其实也曾渴求、追逐尘世的浮名虚利，内心同样存在着矛盾与挣扎，他的音乐里不仅有"英雄"，还有爱情……

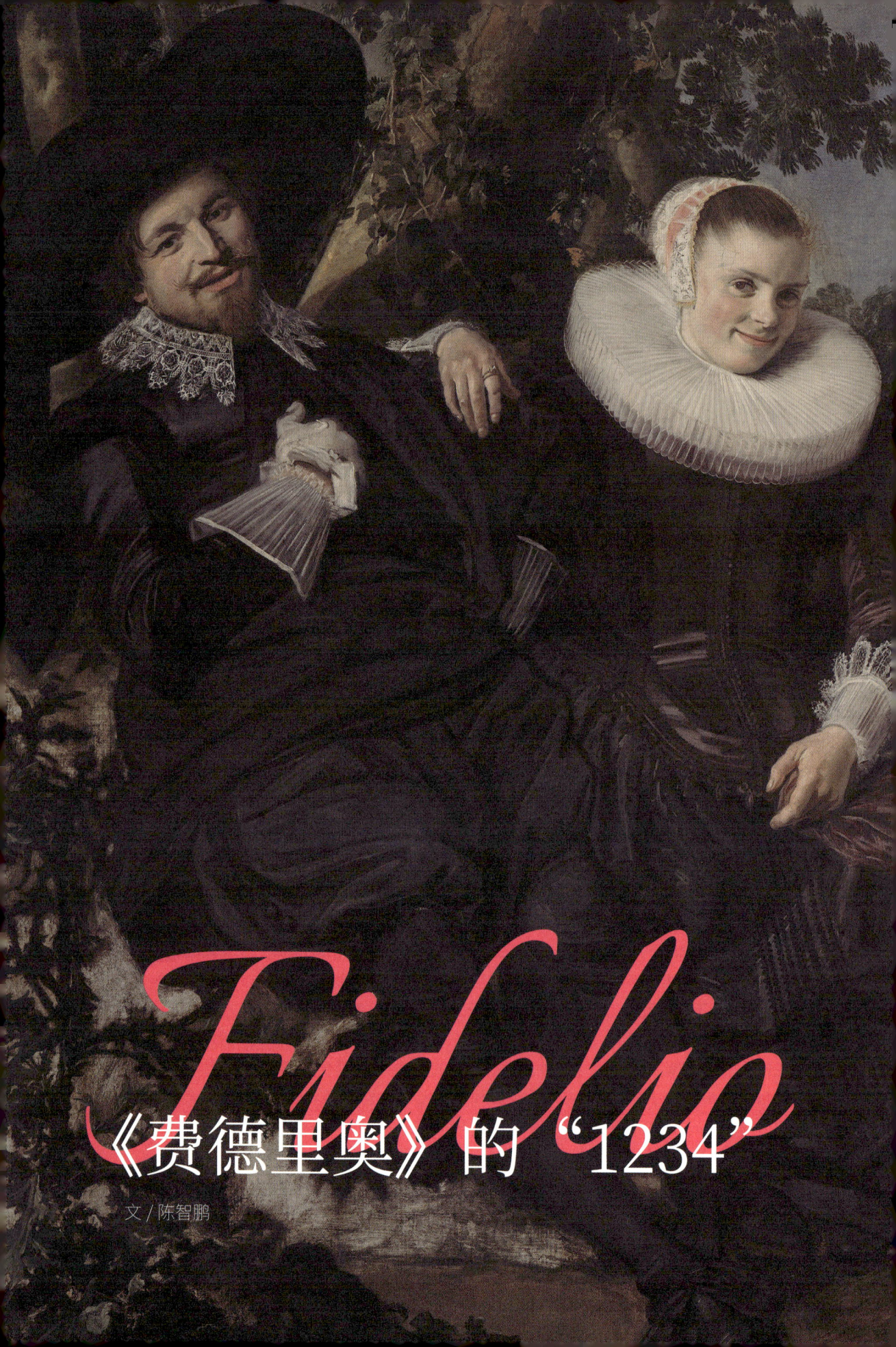

Fidelio

《费德里奥》的 "1234"

文 / 陈智鹏

　　贝多芬一生只创作了一部歌剧——《费德里奥》，并作为保留剧目流传至今。关于这部歌剧，可探讨的东西很多，往外可论及女权主义，往内可窥得贝多芬的人生信仰、自我带入和隐喻。而对于普通音乐爱好者而言，最感兴趣，也最感到困惑的话题，很有可能是这部歌剧的序曲：为什么这部歌剧有四首序曲？其中三首为什么叫《莱奥诺拉序曲》？《莱奥诺拉第三序曲》为什么会出现在歌剧中间，又为何在不同版本中出现的地方不一样呢？在伯恩斯坦与维也纳爱乐乐团合作的著名版本中，这首序曲又被进行了怎样富有新意同时也引发争议的改变？本文试着对以上及其他与歌剧《费德里奥》写作相关的问题，在综合各方资料的基础上，做一番粗略梳理。

一部歌剧

两个名字

贝多芬于 1802 年在维也纳观看了凯鲁比尼的歌剧《洛多伊斯卡》。这部拯救题材的法国歌剧给他留下了深刻印象。他起先想采用该剧作者埃马努埃尔·席卡内德（Emanuel Schikaneder，莫扎特《魔笛》剧本也出自他手）的另一个剧本《灶神之火》，但不久便放弃这个想法。因为他看中了让－尼古拉·布伊（Jean-Nicolas Bouilly）的剧本《莱奥诺拉》（*Léonore*，或称《夫妻之爱》《伉俪情深》等）。布伊在以女主角名字命名的剧本——《莱奥诺拉》中，讲述了根据法国大革命期间一桩真事改编的故事：一个年轻女子变装男孩形象，潜入都兰的一所国家监狱，将她的丈夫从政治监禁中解救了出来。该剧简直是为贝多芬量身定做的。当时的贝多芬正处在热烈追求约瑟芬·布伦瑞克（Josephine Brunsvik）却被婉拒的挫折中，《莱奥诺拉》可视为贝多芬对此不幸事件进行的升华。女主人公的名字让他想起了自己的初恋，而表达主题的副标题"婚姻之爱"（L'amour conjugal），则给了他表达他可能一生也得不到的幸福的机会。暴政、不公到最后的自由与世界大同等，是贝多芬在后来的《第九交响曲"合唱"》里依然在探讨和追求的主题。也许最重要的是，那个被囚禁的、与外界隔绝的男主人公，与贝多芬自己在耳聋造成的声音牢笼里所感受到的孤独和痛苦，几乎可以画上等号。

维也纳宫廷剧院的秘书、诗人约瑟夫·松莱特纳（Joseph Sonnleithner）为贝多芬将《莱奥诺拉》改编成德语剧本。1804－1805 年的大部分时间里，贝多芬都在创作这部歌剧，直到 1805 年初秋才完成全曲。实际上，贝多芬不是唯一一个为《莱奥诺拉》这个剧本谱曲的人。早在 1798 年，由法国作曲家皮埃尔·加沃（Pierre Gaveaux）谱曲的法语版歌剧就已上演，而几乎与贝多芬同时，斐迪南·佩尔（Ferdinando Paer）为意大利语版歌剧谱曲。

有一种观点认为：为了避免与已有的两部同名歌剧（尤其是佩尔创作的在当时颇受欢迎的意大利语版歌剧）混淆，贝多芬将歌剧更名为《费德里奥》。另一种完全相反的观点则指出：贝多芬本人一直想采用"莱奥诺拉"作为剧名，修改标题是当时的演出审查官所为，而这一改变对贝多芬来说是"非常致命"的。"费德里奥"（fidelio，意为"忠贞"）是莱奥诺拉为进入关押丈夫的监狱假扮男孩时对自己的称呼。贝多芬觉得用一个假人物的名字给这部剧命名会损害它——实际上，是改变了它的性别。

上：莱奥诺拉拯救弗洛伦斯坦
下：莱奥诺拉与弗洛伦斯坦，1945 年 9 月柏林德意志歌剧院版 © Deutsche Fotothek

1805 年版

《费德里奥》预定于 1805 年 10 月 15 日的首演因审查官的禁演决定而被迫推迟。而此时，加入第三次反法同盟的奥地利，被拿破仑的军队击败。终于到 11 月 20 日首演的日子，被占领的维也纳，维恩河畔剧院的观众席只有一半的上座率，其中大部分观众还是听不懂德语的法国军官。第二天，当地报纸上的简短评论则反映出少数的奥地利观众对这部歌剧的好感欠佳。

1806 年版

1805 年版首演失败后，贝多芬迅速与剧本作家斯蒂芬·冯·布罗伊宁 (Stephan von Breuning) 合作，将三幕歌剧压缩为二幕，情节更紧凑，以获得更好的戏剧效果，但此做法不可避免地牺牲了一些优美乐段。第二版《费德里奥》于 1806 年 3 月 29 日首演，依然不受欢迎。贝多芬深感沮丧，被收回的乐谱自此束之高阁整整八年。

1814 年版

1814 年，随着《"战争"交响曲》（在德国被称为《威灵顿的胜利》，如今学者们一致认为这是贝多芬最糟糕的作品之一）和《第七交响曲》的巨大成功，贝多芬的事业如日中天。宫廷歌剧院的三位明星歌手向贝多芬询问是否考虑重演《费德里奥》。当时拿破仑的神话已破灭，反法盟军反过来包围了巴黎，《费德里奥》从监禁到被拯救的主题正可以被看作是奥地利摆脱了法国二十多年来的侵略的象征，贝多芬也始终对这部歌剧的失败耿耿于怀，很快便与他心仪的合作者——格奥尔·弗雷德里希·特赖奇克 (Georg Friedrich Treitschke，宫廷剧院剧作家和舞台监督) 再次大改《费德里奥》。这个浩繁的工程花尽贝多芬的心血，他甚至为此记下多达 250 页的笔记。

1814 年 5 月 23 日，修改的《费德里奥》首演，大获成功。不得不提的是，歌剧的最终成功，除了音乐的改动，还与贝多芬接受特赖奇克这位独出心裁、高度专业的完美合作者提出的关于场景方面等的修改方案有着相当大的关系。自此，尽管至今仍有许多评论家认定这不是一部杰出的、完美无瑕的歌剧，但 1814 版《费德里奥》以其人文主义主题，真实而节制的情感和纯粹的音乐，进入了保留剧目名单。

左：1805 年版《费德里奥》首演海报

《费德里奥序曲》

这是 1814 年歌剧修订版的最终序曲，按照写作顺序看，它是贝多芬为《费德里奥》写的第四首歌剧序曲。1814 年 5 月 23 日《费德里奥》修订版首演时，贝多芬尚未写完此曲，担任指挥的他听从了负责演出的维也纳帝国皇家剧院管理层的决定，演奏了只在布达佩斯演出过，维也纳人还没听过的《雅典的废墟序曲》(Op. 113)。三天后的重演才使用了《费德里奥序曲》，并收获了喝彩与好评。

《费德里奥序曲》完全不同于另外三首序曲，总体显得活泼而轻灵，篇幅也是最短的。或许此时的贝多芬认为太长、太重的序曲会减弱人们对歌剧本身的注意力。该曲曾对瓦格纳一些作品中的前奏曲产生影响，瓦格纳认为这首序曲是全剧音乐中最出色的。在这七分钟内所表达的情感如此集中，以至于在歌剧的其余时间里的情感的表达只不过是对其"软弱而烦人"地重复。如今，绝大多数《费德里奥》的演出和录音都选用它作为歌剧序曲。

《莱奥诺拉第一序曲》

此曲作于 1805 年，在当时并未正式上演过，直到贝多芬逝世后才以作品 138 发表。比起其他几首序曲，该作较显逊色，无甚亮点。今天，除了在贝多芬管弦乐或序曲专辑唱片里能听到外，音乐会上也已几乎不再演出。

《莱奥诺拉第二序曲》

这是 1805 年 11 月 20 日《费德里奥》第一版首演时的序曲。实际上，如果 1805 年版《费德里奥》按预定的 10 月份首演的话，这首序曲就会像 1814 年的《费德里奥序曲》一样，都还没来得及诞生。

《莱奥诺拉第二序曲》中惹人注意的一点，便是该曲中穿插了歌剧第二幕开场时，男主角弗洛伦斯坦（Florestan）在监狱中回忆曾经的幸福生活，并幻想妻子莱奥诺拉会来拯救他而唱出的咏叹调《人世间的美和青春》（In des Lebens Frühlingstagen）中的旋律片段。实际上，这段安详柔美的旋律在之前写出的"第一"序曲中就已有引用，并在后来的"第三"序曲中仍予以保留，足见贝多芬对该角色渴望女性与幸福降临来拯救自己的强烈心理认同。

《莱奥诺拉第二序曲》在当今的音乐会上还能听到。魏因加特纳可能是把这首序曲作为《费德里奥》1814 修订版演出序曲的第一位指挥家。2014 年，巴伦博伊姆与斯卡拉歌剧院合作的版本沿用了这一做法。今天也偶尔还能欣赏到 1805 年的首版《费德里奥》，比如，1976 年赫伯特·布隆姆斯泰特（Herbert Blomstedt）与德累斯顿国立管弦乐团的合作，以及 2020 年 2 月维也纳国家歌剧院版。

《莱奥诺拉第三序曲》

这是 1806 年 3 月 29 日第二版歌剧首演时的序曲。与其说《莱奥诺拉第三序曲》是一首新的序曲，不如说是对"第二号"的进一步完善与扩充，或者说是"第二号"的"升级版"。这首序曲已经接近一首小型交响曲的规模——从黑暗的开头逐渐爬升至光明结局的铺展过程，情感幅度强烈，表现精细。因此，尽管有评论家指出这首长达近 15 分钟的乐曲显得笨拙沉重，宏伟的交响音乐中缺乏真正的戏剧性因素，但丝毫不影响观众和指挥家们对这首极富演出效果的乐曲的情有独钟。至今，人们不仅经常在交响音乐会上听到这首乐曲，还可以在许多版本的《费德里奥》全剧演出和录音中听到它。

马勒也许是将《莱奥诺拉第三序曲》（以下简称《第三序曲》）作为第二幕前奏曲的第一位指挥家，不过后来，此种做法因遭到反对而最终弃用。因为乐曲最后欢乐的结尾如同剧透一般，让观众做好了心理准备，从而对贝多芬煞费笔墨所写的弗洛伦斯坦狱中大段独白的阴惨气氛的感受大打折扣。当然，也有不少演出或录音，索性选择不加入任何一首"莱奥诺拉序曲"，包括阿巴多、洛林·马泽尔（Lorin Maazel）、哈农库特、科林·戴维斯（Colin Davis）的版本。克伦佩勒曾将《艾格蒙特序曲》（Op. 84）用作幕间曲来演奏。

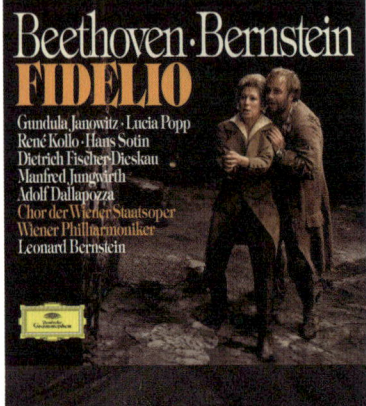

瓦格纳好友、柏林爱乐乐团首席指挥汉斯·冯·彪罗（Hans von Bülow）和另几位指挥家将《第三序曲》放在歌剧结束之后演奏，他们可能认为该曲是全剧的精华缩影，作为"剧情回顾"非常适合，也可视作加演曲目的最佳选择。后来伯纳德·海廷克（Bernard Haitink）、马祖尔等，沿用了这一做法。从时长上看，《费德里奥》修订版的第一幕近 70 分钟，第二幕近 50 分钟。无论是在现场加演《第三序曲》，还是在录音时作为第二张唱片的"补白"，似乎也都正好给人"前后平衡"之感。

1841 年，德国指挥家奥托·尼古拉（Otto Nicolai）首次将《第三序曲》插入第二幕的两场之间作为过渡，既让观众听到这首乐曲，又可为监狱内景和狱前广场的舞台布景转换赢得时间。同时，序曲的亢奋结尾也与之后的大团圆终场在音乐情绪上完美衔接。这种"一箭三雕"的做法后来也被很多指挥大家沿用，比如，富特文格勒、伯姆、伯恩斯坦、弗朗兹·威尔瑟－莫斯特（Franz Welser-Möst）等。卡拉扬既将《第三序曲》放在第二幕中间演出过，也将其放在全剧结束后录音过。

特别值得一提的是伯恩斯坦的版本。《费德里奥》是他在维也纳成功的标志之一：1970 年贝多芬诞辰 200 周年之际，伯恩斯坦在那里首次指挥此剧。1978 年 1 月，伯恩斯坦受邀重回维也纳国家歌剧院

指挥《费德里奥》，之后几乎以原班人马灌录的唱片成为经典。在伯恩斯坦的版本中，《第三序曲》出现的位置还是前面提到的在第二幕监狱内景和狱前广场的大团圆终场之间，但他的做法是将莱奥诺拉与弗洛伦斯坦重逢的二重唱《难以形容的欢乐！》（*O Namenlose Freude!*）中的最后一个 G 大调和弦处理成"淡出"的效果，同时省略掉《第三序曲》开头伴随定音鼓重击的大音量同调和弦，从而使二重唱的结尾和序曲无缝衔接，融为一体。虽然这个做法引起了保守派的指责，但从效果上看确实巧妙地避免了音乐上可能的断裂与结构的破碎。1983 年美国大都会歌剧院

百年庆典音乐会上，《第三序曲》也曾作为舞台布景转换时的乐曲演奏，指挥也是伯恩斯坦。

实际上，1814 年版于 5 月首演后，贝多芬还在不断地修改，直到 7 月才有了最终版本。《费德里奥》之后，贝多芬又选择过许多歌剧题材，如《麦克白》，他还与特赖奇克讨论过《罗穆卢斯》（*Romulus*, 古罗马建国者）的剧本，但最终因各种原因而放弃。贝多芬在歌剧方面的最大雄心是歌德的《浮士德》全诗，他从 1809 年起就开始酝酿这个计划，并在去世前不久进行过构思。遗憾的是，对这个宏伟的项目，他只留下了一些手稿。

左上：伯恩斯坦与维也纳国家歌剧院合作的 1978 年版《费德里奥》
左下：布隆姆斯泰特与德累斯顿国立管弦乐团合作的 1976 年版《莱奥诺拉》
下：《费德里奥》于 1860 年巴黎首演时的第三幕海报

THÉATRE-LYRIQUE. — PREMIÈRE REPRÉSENTATION DE *FIDELIO*, OPÉRA DE BEETHOVEN. — 3e acte, 3e tableau.

CL

MUSIC

BEETHOVEN

《"命运"交响曲》还是《第五交响曲》?

文 / 梁梓恒

多数人初识贝多芬不是因其音乐作品，而是通过"他"的故事，毕竟一位"耳聋作曲家"的故事太具传奇色彩了。这导致人们在理解贝多芬音乐时，往往联系起他的遭遇，恰如《第五交响曲"命运"》（以下简称《第五交响曲》）总是与他那张面孔严峻的肖像同时浮现在人们脑海中一般。

也许《第五交响曲》的另一个名字更为人熟知——《"命运"交响曲》。"命运"其实并非贝多芬给予这部交响乐作品的标题，它源于其晚年秘书安东·辛德勒在 1840 年出版的贝多芬传记中对《第五交响曲》的描述："贝多芬向我描述他的理念——这就是命运在敲门。"

随着学者对贝多芬研究的逐渐深入，后人发现辛德勒对于贝多芬的描写和记录存在大量错误甚至捏造的现象，关于贝多芬以"命运敲门"形容《第五交响曲》的真实性也无法确定了（这种不确定感值得庆

幸，至少贝多芬没有直接告诉我们应该从音乐中听到什么）。作为最了解贝多芬的人之一，辛德勒这句关于"命运"的描写似乎也不无道理。我们能从遗存的资料中看到，贝多芬总是谈及"命运"这个话题。他在 1801 年 11 月写给朋友弗朗茨·韦格勒（Franz Wegeler）的信中说道："不，我不能忍受那个……我将扼住命运的咽喉，它永远不能使我屈服……"然而，在贝多芬 1812 年之后的日记中写道："低头，向你的命运深深低头，只有这才能给予你献身……"

在 1804 年创作的《第三交响曲"英雄"》手稿末尾，贝多芬写下了《第五交响曲》的开头部分，其后《第五交响曲》的大部分创作主要集中于 1807—1808 年期间。相对艺术史上穷困潦倒者，如舒伯特、梵高等人，贝多芬的生活似乎要舒适得多，在世时便已拥有不凡的名气，收入十分可观。但是在创作《第五交响曲》的两年间，贝多芬可谓诸事不顺。1807 年他向皇家宫廷剧院递交的职务申请没有被接受，同时，作

品发表也被拖延了，举行慈善音乐会的请求也被拒绝。除事业受挫之外，他的人际关系也十分糟糕——与赞助人关系出现裂痕，和亲弟弟发生冲突。令人钦佩的是，如此困境反倒能激发其创造力。除两部交响曲外，他那时还创作了《C 大调弥撒》（Op. 86）、《科里奥兰序曲》（Op. 62）等传世佳作。

1808 年 12 月 22 日，在维也纳由贝多芬指挥首演《第五交响曲》。演出前，贝多芬与乐手发生了争执，演出当晚听众也感到十分疲倦——音乐会长达四小时。歌德评价："作品是不错，但是受不了，听起来像是房子塌了一样。"听众对《第五交响曲》并不适应，承认它的震撼，但不一定喜爱它。

然而在巴黎，《第五交响曲》取得了成功，听众们听出了作品中蕴含的革命气息。一位参加过拿破仑战争的老兵在曲终时起立高呼："这是拿破仑，拿破仑万岁！"人们从未听到过这样强有力的交响曲，当然，也没有人能料到这会成为全世界最著名的曲调之一。

长久以来，世人总习惯于将《第五交响曲》视为作曲家与命运斗争，不向日趋严重的耳聋妥协的宣言。实际上，《第五交响曲》还饱含了贝多芬的自由民主理念和他对法国大革命理想的向往。最直接的证据就是作品开头的四音动机，它与意大利作曲家路易吉·凯鲁比尼（Luigi Cherubini）创作的法国大革命颂歌《先贤颂》中激动人心的小合唱片段"剑在手，我宣誓；为人权，去斗争……"的直接关联明确地体现出这一点。"短—短—短—长"的节奏型经常性地出现在法国革命歌曲中，如《出发歌》《人民的觉醒》《马赛曲》等。这个节奏型在音乐中的反复出现，使其成了法国大革命的标志。除动机以外，在作品其他地方也能看到同样的隐喻性符号。第四乐章的新主题直接来源于克洛德·约瑟夫·鲁日·德·李尔（Claude Joseph Rouget de Lisle,《马赛曲》作者）的《狂欢赞歌》。

拜辛德勒所赐，世人总认为作品开头的四音动机来自作曲家的灵光乍现，是"命运的恩赐"。事实上，对这个动机，贝多芬修改了多达十几个版本，简短动机的呈现花费了作曲家大量的心血。"命运动机"不是"命运的安排"，而是贝多芬个人意志的展开。

第一乐章，短暂的休止寂静后，著名的四音组动机（G—G—G—ᵇE，即"命运动机"）在弦乐组和单簧管的齐奏下如平地惊雷般陡然出现，但这个充满力量感的动机的调性是不稳定的——听觉上它既可以是 c 小调，也可以是降 E 大调。在贝多芬的时代，c 小调意味着哀伤，降 E 大调则象征着庄严，被称为"英雄调性"。此外，值得注意的是，这一乐章对休止符的运用可谓"此处无声胜有声"——音流总是在情绪到达顶峰之时骤然休止，还没等听者缓一口气，音乐又推进至更激情的下一段。

第二乐章以颇具舞曲性质的 $\frac{3}{8}$ 拍呈现。两个对比强烈的主题反复变奏——一个甜美抒情，一个宏伟激荡，我们可以明显感受到后者在节奏上与"命运动机"的紧密联系。这个不断推进的主题还让人回忆起《第三交响曲"英雄"》中的第二乐章——《葬礼进行曲》。

第三乐章的谐谑曲主题从弦乐低声部奏响，而后与上方声部交替出现，力量微弱而神秘。随即，源自四音动机的对比主题强力奏出。如果说第一乐章的抗争还略有迟疑，那么第三乐章则是决心勇往直前，尤其体现在中间部分互相追逐的赋格段。乐章的结尾极富特色：在长久的持续低音中，力度经过大幅度的渐强，不间断地冲向充满激情的终曲乐章——这种不间断演奏和动机贯穿的做法直接预示了单乐章交响诗的诞生。

在第三乐章结尾处，酝酿已久的力量在第四乐章瞬间爆发，矛盾累积到这里也得到了解决。音乐一扫前几乐章的阴霾和痛苦不安的挣扎，变得更为开朗和激情。贝多芬音乐中的"英雄性"和"史诗性"在这个乐章中被更多地展示出来。如果前三个乐章是悲惨世界中的苦苦挣扎的话，那终曲乐章无疑是生命的凯旋。也正因为这个凯旋般的旋律，《第五交响曲》整体看起来如同一个从痛苦走向欢乐，从抗争走向凯旋，从黑暗走向光明的历程。但是仔细观察会发现，这里的凯旋早在第一乐章就已经预示了——

C 大调的明亮感觉在第一乐章的再现部分就已经出现过。最终，音乐没有以相对灰暗的 c 小调结束，而是如同弃暗投明般停留在了永恒的 C 大调上。

《第五交响曲》自问世后便无处不在，世界各地的人们都会在某个特殊的时刻欢呼一声"Da—Da—Da—Dum"。人们无须亲自聆听便知道《第五交响曲》和命运意志的联系，也很难再创其首演时那种不可预知的震撼感受，但音乐家们从没有放弃过寻找《第五交响曲》中的更多内涵。李斯特曾将其改编为钢琴独奏曲；20 世纪初的达达主义作曲家斯特凡·沃尔佩（Stefan Wolpe）曾使用八部留声机，分别播放不同版本的《第五交响曲》唱片，每一张都采用不同的转速，试图将听众拉回到那个《第五交响曲》尚未被真正认识的混沌时代。

有人说，古典主义"维也纳三杰"中，海顿是欢乐的象征，莫扎特代表了天真无瑕，而贝多芬是人间悲剧的呈现。曾经我对此十分赞同，但后来觉得这对贝多芬是不公平的，他无疑是以痛苦烘托欢乐的一位大师。

相对《"命运"交响曲》这个称谓，我更愿意称它为《第五交响曲》或是《c 小调交响曲》。这是一部无法被局限的伟大作品。它早已超脱了贝多芬赋予它的意义——它既可以是"命运"，也可以是"革命"；既可以是"自由"，也可以是一切苦难后的重生。

贝多芬作品中的自然灵感

文 / 马婕

　　贝多芬热爱自然。对他来说，自然不仅是心灵慰藉的港湾，更是作曲的灵感来源。他经常在林间散步，在笔记本中记下了这样的话："太棒了！我在森林里感受到了神的祝福，每棵树都在跟你讲话。"《第六交响曲"田园"》五个纲领性的小标题已经足够"直抒胸臆"。除交响作品外，贝多芬的声乐作品也蕴含着大量的自然元素。

　　在贝多芬的邀请下，诗人阿洛伊斯·耶特利斯（Alois Jeitteles）写下六首诗歌，分别是《坐在山岗上窃望》《山峦蓝蓝》《高空飞鸟》《云在高处》《五月回归，绿草如茵》《请接受这些歌曲》。贝多芬以此诗歌创作了声乐套曲《致远方的爱人》。这部作品对声乐套曲这一体裁是奠基石般的存在——它寄情于景，借景抒情。在这组以无法圆满的愿望为主题的声乐套曲中，主题内容首尾呼应，形成循环。跟随蓝天白云、高山幽谷、玉米地、草地、小溪、飞鸟、双燕的脚步，作曲家用流畅优美、上下起伏的线条，描绘出对已逝爱情的思念。

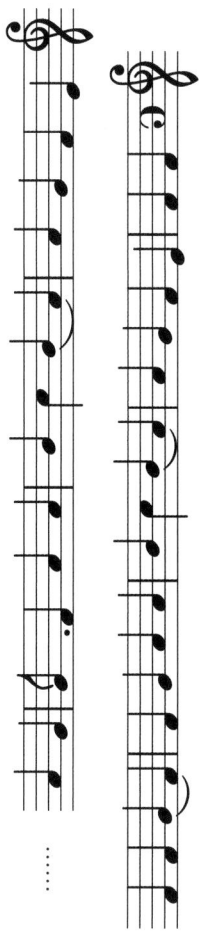

与《致远方的爱人》异曲同工的是贝多芬作于 1794—1795 年间，为诗人戈特弗里德·奥古斯特·比尔格（Gottfried August Bürger）的两首诗《单恋者的叹息》和《相互的爱》而谱的艺术歌曲。这两首作品于 1837 年，作曲家去世十年后在维也纳出版。在此作品中，作曲家用音乐表现了从森林动物到苔藓和草药，以及主人公一路看到的自然界中无处不在的爱，由此诘问为什么只有他感受不到爱。在第一首诗作的最后一句中，主人公找到了答案——"我缺少回报的爱，只有那个人可以赐予我"（Denn ach! mir mangelt Gegenliebe, Die Eine, nur Eine gewähren kann.）。值得一提的是，《相互的爱》的旋律于 1808 年在贝多芬的《合唱幻想曲》（Op. 80）中再次出现。该旋律与《第九交响曲"合唱"》末乐章中的"欢乐颂"主题也非常相似（详见左侧谱例）。

在诸多为诗作谱曲的声乐作品中，有一部作品对贝多芬来说有着不同寻常的意义，那是贝多芬为他的偶像——歌德——创作的诗歌而作的康塔塔——《平静的海和幸福的航行》（Op. 112）。第一部分"平静的海"的诗词大意是：一片寂静的大海，船夫们环顾四周，望着波澜不兴的海面发愁。四周的空气凝固，只剩下可怕的死一般的平静，辽阔的海面上看不到一点波纹。第二部分"幸福的航行"的诗词大意是：烟消雾散，晴空万里，风神松开风袋的出口。风开始吹起，乘风破浪，船驶向远方，我已经看到了陆地。这部康塔塔于 1815 年首演，1822 年出版。

贝多芬以德国诗人塞缪尔·弗里德里希·索特（Samuel Friedrich Sauter）写于 1796 年的《鹌鹑》为蓝本，于 1803 年创作了同名声乐作品——《鹌鹑》（WoO 129）。诗作的内容与《圣经》中提到的鹌鹑与耶和华的故事相关。在这部作品中，叙述者听到鹌鹑的歌声（可能暗指上帝的福音），这促使他"敬畏""赞美""感谢""祈祷"并"信任"上帝，同时点出"自然的神迹在天气中显露无遗，使人敬畏"的寓意。贝多芬于 1813 年创作《夜莺之歌》（WoO 141），这首作品的歌词大意为：春天来临，花园中的玫瑰、百合、郁金香争相开放，百花中夜莺在歌唱。

除在声乐作品中表现大自然的优美景色，贝多芬也在其他作品中描述大自然危险的一面，这一点在《第六交响曲"田园"》的雷雨场景中已得到了充分的证明。事实上，贝多芬本人在其一生中也经历过几次自然灾害：1784 年冬季，在中欧地区发生的可怕的冰河洪水灾害迫使他和他的家人在危险的条件下逃离波恩；1816 年，印度尼西亚坦博拉火山喷发，导致世界范围的寒潮和饥荒，当年成为"没有夏天的一年"。

18 世纪的第一次工业革命贯穿了贝多芬的一生。工业革命为生活带来便利的同时，也带来了对自然的破坏——特别是对饮用水的污染，导致人们宁愿喝干净的葡萄酒或啤酒，也不愿饮用被污染的饮用水。空气污染同样严重。贝多芬在一封信中抱怨"糟糕的城市空气伤害到了我的健康"。被污染的空气也驱使那些有经济能力的人在夏季离开维也纳。

为纪念 2020 年贝多芬诞辰 250 周年，"贝多芬田园"项目在波恩联合国气候变化大会上正式启动，全球各地的音乐家应邀于"地球日"（2020 年 4 月 22 日）、联合国"世界环境日"（2020 年 6 月 5 日）当日或前夕，奏响他们自己版本的"田园"，来表达对人与自然和谐共处的憧憬，用贝多芬音乐的力量为一个可持续发展的未来呼吁。可惜的是，因为疫情，这一项目也暂停了。

我们眼中的贝多芬
Beethoven vu par…

约翰娜·范·贝多芬
Johanna van Beethoven

文 / 门楠

我是约翰娜·范·贝多芬，我的丈夫是著名音乐家路德维希·范·贝多芬的弟弟——卡斯帕·范·贝多芬。如果你问我怎么看待我的这位大伯哥，很简单，我恨他。

我出生在一个富有的家庭。我的父亲是一位成功的室内装潢设计师，我的母亲是一位葡萄酒商人和当地市长的千金。可是，婚后生活支撑不了我们的开销，我与丈夫陷入了四处举债的困境。为此，我甚至挪用了公款，伪造了一起盗窃案，也因此付出了入狱服刑的代价。

我与丈夫是奉子成婚，结婚3个月就生下了卡尔·范·贝多芬。起初，贝多芬对我非常厌恶，称我为"放荡的女人"，甚至怀疑卡尔不是他弟弟的孩子。但是卡尔出生后，贝多芬看到卡尔的长相就认定了他是贝多芬家族的孩子，十分疼爱，视如己出。卡尔6岁那年，卡斯帕患上了肺结核。那时，他希望贝多芬在他离世后作为卡尔的监护人抚养卡尔长大。然而临终前，卡斯帕修改了遗嘱，指定我俩担任联合监护人，希望此举能让从未和平相处过的我们握手言和。

然而在卡斯帕去世后的第4天，贝多芬就向法院申请将监护权授予其一个人，剥夺我的监护权。这个偏执狂竟想抢走我的儿子，要只有9岁的小卡尔永远地离开他的生母，完完全全地属于他这个打了一辈子光棍的老头！我是无论如何不能接受的！一轮判决裁定我是卡尔的监护人，而贝多芬是共同监护人。贝多芬不服，提出上诉。他竟然翻出了我的案底来证明我不是一个合格的母亲，不想在教育孩子的问题上受到我这个"坏女人"的束缚。1816年1月19日，法院通过了贝多芬的诉求，他如愿以偿地成了卡尔唯一的监护人。而我，这个可怜的母亲，则失去了自己唯一的孩子。

赢得卡尔的监护权后，贝多芬立即将他转到一所寄宿学校。思念儿子的我经常去学校探望他，这是完全合乎情理也遵照条例的——在指定的第三人在场时，我是可以看望孩子的。但贝多芬知晓后大发雷霆，他连我这一点儿唯一的小小的慰藉都要夺走——他要把我从卡尔的生活中完全地抹去！

我与贝多芬产生了激烈的争执。我那可怜的孩子就像在夹缝中生存一样，备受

在这场旷日持久的拉锯战中，
我们都失去了挚爱。

煎熬。有几次他离家出走想要来看我，却被警察抓住强制送回贝多芬身边。贝多芬不停地给他转学，在他面前将我描述成一个十足糟糕的人，甚至为了远离我想把他带到国外。他还逼迫小卡尔上他的学生——车尔尼的音乐课，当车尔尼告诉他小卡尔缺乏音乐天赋时还大发雷霆。

1818年12月18日，事情发生了转机——我俩旷日持久的关于监护权的"战争"被提交给处理"平民案件"的城市行政官法院处理。在贝多芬尝试将卡尔转移到贵族学校后，法庭立刻抓住了贝多芬的软肋——贝多芬兄弟真是贵族吗？贝多芬无法说谎——他名字中的"范"（van）是荷兰名字的一个表语，不是贵族专用词。这件事深深地伤害了贝多芬的尊严，他再也无法以贵族形象示人，而我，也顺利地于1819年初取得了监护权。

气急败坏的贝多芬终于尝到了被剥夺孩子的滋味。只可惜好景不长，1820年1月7日，他再次上诉，他甚至为此写了长达48页的悲情请愿书。三个月后，他再次夺走了卡尔。卡尔19岁时自杀未遂，

这件事给了贝多芬沉重的打击，宣告了他是一位多么失败的家长。几个月后，贝多芬就离世了，临死前把所有的财产都留给了卡尔。

人们称贝多芬与我争夺卡尔的抚养权是他人生中最痛苦的经历，这何尝不是我最痛苦的经历呢？在这场旷日持久的拉锯战中，我们都失去了挚爱。

卡尔·范·贝多芬 © Beethoven-Haus Boon

我们眼中的贝多芬
Beethoven vu par…

弗朗茨·格哈德·韦格勒
Franz Gerhard Wegeler

文 / 门楠

我的名字是弗朗茨·格哈德·韦格勒，我是一名医生。如果在贝多芬有限的朋友中选出一位他最重要的友人，我想我可以毫无争议地当选。因为我不仅可以说是他的第一位朋友，也是与他保持友谊最久的朋友。

弗朗茨·格哈德·韦格勒 © Beethoven-Haus Boon

我和贝多芬的友谊可以追溯到我们的少年时期，那时他在波恩的一个富有家庭——布罗伊宁家担任钢琴教师。那时，他的母亲刚刚过世，布罗伊宁家成了贝多芬情感上的避难所。女主人海伦·冯·布罗伊宁（Helene von Breuning）还有着贝多芬"第二母亲"之称，让他暂时远离了丧亲之痛。而我当时是波恩大学的学生，也是布罗伊宁家的常客。我对科学就像贝多芬对音乐一样热衷。受我的影响，贝多芬也成了一名业余大学生，甚至还被哲学系录取。充满热血、梦想与信念的年轻

我要扼住命运的咽喉，
它决不能使我完全屈服，
能够长久地活着是多么美好！

人聚集在波恩大学，每个人都在谈论法国的革命，先进的思想像一条条小溪汇集到校园中变成了洪流。这个时期的贝多芬如饥似渴地阅读，与人辩论，尽管他读的书杂乱无章，但也因此让他的思想蓬勃而恣意地生长。我记得他从那个时期起就喜欢阅读席勒的诗歌，甚至被一首席勒本人都认为是二流诗的《欢乐颂》深深吸引，他认为这首诗有一种志同道合的青年人之间特有的情谊，非常动人。直到将近三十年后，《第九交响曲"合唱"》问世时，我才明白他以前向我形容的那种"动人"是什么。时至今日，我依然不认为席勒的原作有多精妙，是贝多芬让它升华到了现在的高度。在与命运缠斗了这么多年之后，他以振奋人心的"欢乐颂"与命运握手言和。

我和贝多芬喜欢上了同一个女孩——布罗伊宁家的小姐埃莱诺拉·冯·布罗伊宁（Eleonore von Breuning），她是贝多芬的学生，并且很可能是他的初恋。最终，我在这场"君子好逑"的比赛中胜出，与埃莱诺拉结为夫妻并搬到了科布伦茨。我再未见过他，但我们一直保持着书信往来。

贝多芬曾多次向我咨询一些健康方面的问题。老天对他太不公平了。他才25岁啊，就已经开始深深陷入生理疾病的折磨中而痛苦不堪。他写信告诉我他的耳朵昼夜不停地嗡嗡作响，听力越来越差，而且经常伴随着剧烈的头痛和腹部绞痛。为了不影响工作，他一直隐瞒自己的病情，在人们面前假装自己听力正常。

也许我是为数不多的可以让他真实地敞开心扉、直言痛苦的人。我要说，他的这种痛苦是伟大的。我永远记得他在1801年11月寄给我的一封信中提到，他正遭受着耳聋和腹绞痛的双重夹击，但是这些痛苦永远无法将他击垮。他说道："我要扼住命运的咽喉，它决不能使我完全屈服，能够长久地活着是多么美好！我不要寂静的生活——不！我能感受到。"

如果人们问我，在我眼中的贝多芬是一个怎样的人，我想说，作为贝多芬一生中最重要的见证者之一，我以对待英雄般的目光仰望着他，并且我很自豪我的存在对他的成长有所影响。

我们眼中的贝多芬
Beethoven vu par…
安东妮 · 布伦塔诺
Antonie Brentano

文 / 门楠

我叫安东妮 · 布伦塔诺,是法兰克福银行家弗朗茨 · 布伦塔诺(Franz Brentano)的妻子。我未出嫁时的名字是安东妮 · 冯 · 比肯施托克(Antonie von Birkenstock),我的父亲老约翰 · 冯 · 比肯施托克(Johann Melchior von Birkenstock)是一位非常富有的艺术品收藏家。受父亲的影响,我也热爱艺术并且弹得一手好吉他。

父亲去世后,为了清点他留下的数量庞大的收藏品,我逗留在维也纳。这期间,我在丈夫的妹妹——贝蒂娜 · 冯 · 阿尼姆(Bettina von Arnim)的介绍下,认识了40岁的贝多芬。当时我已经30岁了,是四个孩子的母亲。我想,我和贝多芬以往爱慕过的女性很不一样——我没有少女般的青春活力,相反总是容易陷入忧郁的情绪中而显得苍白且沉默。贝多芬称我为"托妮"。

我的身体不好,经常生病,贝多芬时常到家中探望我。他总是无视其他人的存在,径自走进卧室的接待室,坐在钢琴边,用自己的语言与我交流,并在给予我充分安慰后默默地离开。我对他的到来总是充满着期待。他的气度和热忱让我平静的生活也变得有趣起来。

我不知道别人是如何看待贝多芬的,但在我眼里,他就像行走在凡间的神,他的一切都是伟大的,包括他的痛苦——我相信它们只会短暂地困扰他,因为艺术的缪斯女神会拥抱他,把他紧贴在她温暖的胸口给予他慰藉。

1811年夏,也就是我们认识的第二年,我和家人前往卡尔斯巴德(Karlsbad)避暑,贝多芬也来到距此不远的特普利兹(Teplitz)。那里是温泉疗养的圣地。在疗养期间,他完成了两部戏剧配乐——《斯蒂芬国王》和《雅典的废墟》,并且开始创作《第七交响曲》和《第八交响曲》。在那一年年末,贝多芬送给我一首名为《致爱人》的歌曲乐谱。作品令人心碎——贝多芬罕见地在钢琴伴奏部分加入了一行吉他谱。1812年夏天,他再次跟着我来到特普利兹,还带着写了一半的《第八交响曲》的手稿。我告诉他我已完成对父亲藏品的清点,在秋天就将离开维

虽然还在床上，
但我的思绪已经飞向了您，
我不朽的爱人 ……

也纳，离开他，回到法兰克福，回到我丈夫的身边。就这样，我退出了他的生活。

但我不知道的是，他在特普利兹写下来一封未曾寄出的情书。这封信由三个部分组成，洋洋洒洒写了十页，揭示了他的情感折磨和对被他称为"不朽的爱人"的女士的渴求——他渴望和她在一起，在附近的一个名为"K"的地方相会，而我知道那个"K"就是卡尔斯巴德。情书并没有填上收信人的任何信息，无论是地址还是姓名，只是用炽烈的文字挥洒着赤诚的爱意。尽管整封信是用铅笔写就，但字里行间喷涌而出的深情却力透纸背。"虽然还在床上，但我的思绪已经飞向了您，我不朽的爱人。我时而欢喜，时而悲痛，等着知晓命运是否听到了我们的声音——我与您一起才能完全地生活，不然根本活不了——……没有人能再得到我的心——永远——永远不会了——哦，上帝，为什么一个人要与他那么爱的人分开呢……我对您渴望得流泪——您——您——您——我的生命——我的所有——再会了。——噢，请继续爱我——请不要误解了您的爱人

最忠诚的心。"最后的落款是"永远是您的，永远是我的，永远是我们的"。

时光像一双大手，"呼啦"一下把那些尘封的记忆统统倾倒出，那些来不及说出口的爱，最后高度凝练成了一句"不朽的爱人"——我们的爱因沉默而不朽。

安东妮·布伦塔诺

我们眼中的贝多芬
Beethoven vu par…

帕斯夸拉提男爵
Baron Johann Pasqualati

文 / 马婕

约瑟夫·帕斯夸拉提 © Österreichische Nationalbibliothek

我是约翰·帕斯夸拉提男爵，维也纳一个富有的艺术赞助商。我从父亲约瑟夫·帕斯夸拉提（Josef Pasqualati）那继承了莫尔克巴斯蒂大街上一栋精美的四层楼房。在这里，你能将维也纳城区到城西森林的美景尽收眼底。

1804 年秋天起，这栋别墅的四楼入住了一位让我头疼的房客——小有名气的作曲家贝多芬。他的朋友兼助手费迪南德·里斯（Ferdinand Ries）找到了我并请求租下四楼的两个房间。我欣然应允，当时还觉得是一笔不错的买卖。

贝多芬作为我的租客，在这儿写下了很多作品。五、六、七……

尽管从这栋房子往西可以看到维也纳森林的美景，视野已然极佳，但显然贝多芬并不满足于此。为了欣赏东部普拉特花园的景色，他竟然在未经我允许及其他租客的抗议下，私自在东面的墙上安了一扇窗。

我听到这个消息后，语气温和地向他提出恢复房屋原貌的要求，他不但没有觉得愧疚，还反驳我说应该感谢他帮我改善了公寓。

我后来阴差阳错地成了他的赞助人。他在我这儿断断续续住了 11 年——从 1804 年秋到 1815 年春——他在 1808 年秋至 1810 年年底和 1814 年 2 月至 6 月期间中断过两次合约。他提出即使在他不在的时候也要为他保留公寓。我答应了。

经常有朋友前来拜访贝多芬，例如，他的老师兼好友，一位极其出色的小提琴家——伊格纳兹·舒潘齐格（Ignaz Schuppanzigh）。通往四楼的楼梯比较狭窄，这对有些胖的舒潘齐格不太友好。有

次看到他费力地上楼，贝多芬竟然促狭地偷笑。这个可怜鬼。此外，贝多芬和歌德的好友——作家贝蒂娜·冯·阿尼姆（Bettina von Arnim）也来过几次。

贝多芬在作为我的租客期间，在这儿写下了很多作品，比较出名的有歌剧《莱奥诺拉》。听说后来他因某种原因将其更名为《费德里奥》。自己的所有物被迫改动，这个滋味不好受吧！他还在此创作了《第五交响曲"命运"》《第六交响曲"田园"》《第七交响曲》《D 大调小提琴协奏曲》《"严肃"四重奏》《"拉祖莫夫斯基"弦乐四重奏》等。舒潘齐格是他忠实的演奏伙伴。哦，对了，还有《致爱丽丝》。

我没想到的是，1814 年，在我们认识的第十年，也是我的妻子埃莱诺拉·冯·帕斯夸拉提（Eleonore von Pasqualati）逝世三周年时，他写了首《挽歌》（*Elegischer Gesang*, Op. 118）。他还在 1815 年为我写了首《卡农》（WoO 165）作为新年礼物。他在世最后的日子里常卧病在床，我给他送了些食物，他很感激。这也是他为数不多的表达出的对我的谢意。

CLASSICAL MUSIC

他，
也不过
是凡人！

——从波恩到维也纳，
寻找人道主义者贝多芬

文 / 张璐诗

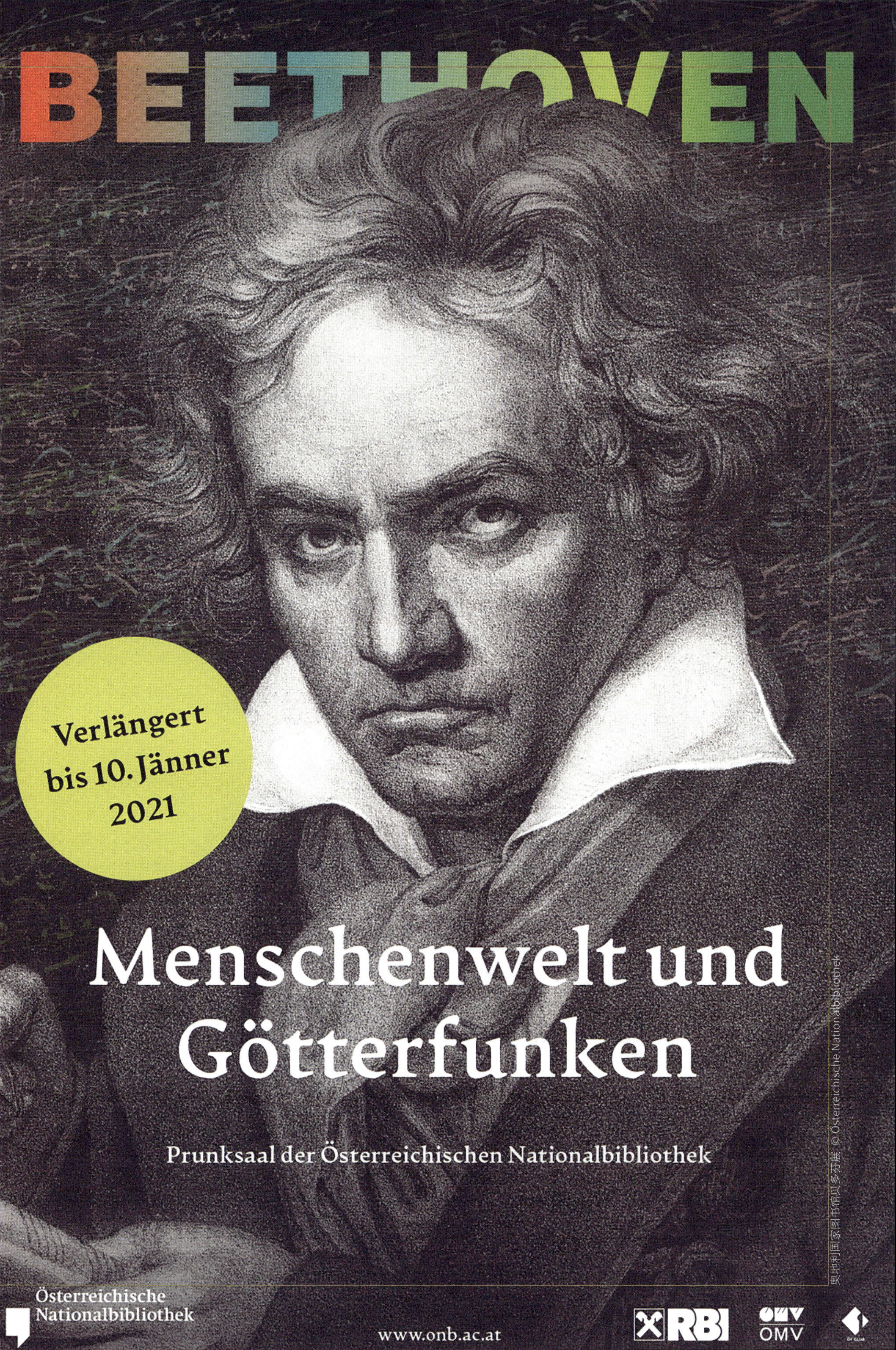

BEETHOVEN
Verlängert bis 10. Jänner 2021
Menschenwelt und Götterfunken
Prunksaal der Österreichischen Nationalbibliothek
奥地利国家图书馆贝多芬展 © Österreichische Nationalbibliothek
Österreichische Nationalbibliothek
www.onb.ac.at
RBI
OMV

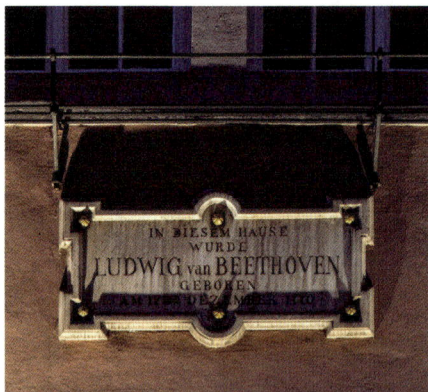

贝多芬之家 © Joergens.mi/Wikipedia

自 1848 年欧洲革命以来，贝多芬的交响曲作品一直被视为追求自由的声音象征。第二次世界大战期间，《第五交响曲"命运"》开头的"命运叩门"中的几个音符，甚至被用到了摩斯密码中，以象征"胜利"（victory）。智利人民在反对游行中高唱"欢乐颂"旋律；1989 年，伯恩斯坦在倒塌了的柏林墙下指挥演出了《第九交响曲"合唱"》。1999 年，阿根廷社会学者埃斯特班·布奇（Esteban Buch）写了一本名为《贝多芬第九：一部政治史》的书，记录

注：

波恩街 20 号的房子是贝多芬生活的那个时代的典型的中产阶级住宅楼，住户大多是当时选帝侯任命的为宫廷做事的雇员。

了这部交响曲所承载的各种意识形态的演变过程。在 20 世纪 70 年代，"欢乐颂"的旋律成为欧洲委员会（Council of Europe）的会歌。当然，这些来自后人的诠释，都是在作曲家身后发生的。不过，除了"时势造英雄"的因素，贝多芬的创作初衷与对时政的态度，也能在其乐谱手稿与给友人和赞助者的信件中找到不少踪迹。

要尝试梳理贝多芬的政治观念，我们需要先梳理一下作曲家生活期间的社会背景。贝多芬 1770 年在波恩出生，1792 年搬到维也纳，直到 1827 年去世，一直生活在那里。也就是说，他是在波恩长大成人的。虽然波恩在 1794 年才成为法兰西第一帝国的领土，但在贝多芬的成长期间，拿破仑军队已经大批进驻波恩。贝多芬是怎么开始对法国大革命"张开双臂"的呢？

贝多芬的祖父与他同名同姓，是一位来自欧洲北部弗莱芒地区（Flemish）的音乐工作者——"路德维希·范·贝多芬"就是一个来自弗莱芒语的名字。祖父移居到波恩后，在今日波恩街 20 号的公寓楼里定居生活，并在当地教堂担任乐队指挥。后来，贝多芬与祖父走上了同一条路，只不过时世已大不同。

贝多芬之家 © Thomas Wolf

在波恩街 20 号的"贝多芬之家",我踩着"咯吱"作响的木地板,仔细逛了一个上午。这里收藏着波恩市档案局提供的贝多芬的出生证明——贝多芬的出生日期一度是个谜,在此处明白地标记"受洗于 1770 年 12 月 17 日"。从贝多芬搬离波恩到他去世期间,波恩街 20 号相邻的楼房都有所变化。1840 年,经贝多芬的童年伙伴——弗朗茨 · 格哈德 · 维格勒确认,外墙砌着巴洛克岩石的房子就是"贝多芬之家"。1889 年,由政府支持的"贝多芬之家总署"成立,今日位于波恩街上的大部分的房子,也得以维持着 18 世纪下半叶时的模样。

尽管我从小喜欢贝多芬,先后读过几本贝多芬的传记,并数次前往贝多芬在波恩和维也纳生活过的地方,但这次来依然有新的收获。我注意到了一些对作曲家日常生活的描述:贝多芬早上最迟六点起床,专注创作一段时间后,出去散步片刻。午后一直处理与出版社的合约、版税,以及与委约创作相关的事务。下午去咖啡馆,傍晚去看演出,然后再到酒馆去。每次出家门,贝多芬一定会带上铅笔、口袋速记本和笔记本。在一幅"贝多芬在咖啡馆"的素描小画上,姿态放松的作曲家还叼着一根长烟斗。

贝多芬二十岁出头时已经心存大志,要为席勒的诗歌《欢乐颂》谱曲,为了"团结普天下的兄弟姐妹"。那时,拿破仑的军队已经占领波恩,但波恩的两任选帝侯对此并不抗拒。选帝侯马克西米兰 · 弗兰茨(Maximilian Francis)在任期间,贝多芬作为宫廷乐师很受器重,被这位选帝侯送去维也纳深造。弗兰茨思想开明,拥抱大革命带来的"自由、平等、博爱"的风气。贝多芬天性狂野奔放,在这种氛围中如鱼得水,开放的世界观由此形成。

离开"贝多芬之家",我步行前往波恩管弦乐团办公室。在与波恩歌剧院及管弦乐团艺术总监德克 · 卡夫坦(Dirk Kaftan)交谈时,提及贝多芬深信人类有自我帮助

注:

贝多芬在波恩大学刚创办第三年时就报考了该校的哲学系,并参加了倡导启蒙运动进步思想的"波恩读书社"(据说这个读书社今天还在)。那时,音乐家、艺术家、学者与思想进步的宫廷职员们会聚集在波恩一家名为"花园"的酒馆里开展活动。贝多芬读书时的班主任克里斯蒂安 · 戈特洛布 · 内夫(Christian Gottlob Neefe)可以说是贝多芬进步思想的启蒙人。

> "
> ……
> **我之所以为贝多芬，**
> **是因为我是我。**
> "

CLASSICAL MUSIC

与改变自我的能力（"天助自助者"）。卡夫坦说到，贝多芬曾经常表达独立思考与个体主义的观点——"由此及彼，从改变自我开始，也可以改变世界。"但贝多芬同时也表达过如下的见解——"个人的思想与感受只与自我有关，与社会无关。"卡夫坦认为这是很特别的一点：几乎在贝多芬的每部作品中，都能接触到他的这两种观点。

这里就显现出了一对矛盾。作曲家一边接受封建制度下特有的贵族赞助，不断将自己谱写的作品题献给这些赞助人，以回赠恩惠。贝多芬到了维也纳之后，外界误将其视为上流阶层的人，而贝多芬也从未去更正。晚年时，他甚至利用这个"优势"去跟他的侄子——卡尔——的生母争抢对卡尔的抚养权。

与此同时，作曲家又有一个叛逆与反权威的形象。贝多芬与歌德曾有过一次会面，而那经常是乐迷乐道的戏剧化场景。据说，当时贝多芬与这位他十分欣赏和尊敬的诗人在路上走着，一位贵族骑着马迎面经过。歌德立即停步，毕恭毕敬行礼，而贝多芬则拒绝脱帽致礼，继续大摇大摆往前走。经过这次会面，贝多芬对歌德的

敬意也烟消云散。贝多芬曾对他早期的一位赞助者，同时也是朋友的卡尔·里希诺夫斯基亲王写过一封信，信里说道："亲王，你之所以为亲王，是因为偶然的出身；我之所以为贝多芬，是因为我是我。现在和将来，将会有千千万万位亲王，但贝多芬只会有一个。"而矛盾之处在于，这并不妨碍作曲家住在里希诺夫斯基的宫邸，并在亲王举办的音乐会上演奏，并将《"悲怆"钢琴奏鸣曲》赠予亲王。来波恩之前，我在贝多芬于维也纳的帕斯夸拉提故居里，看到过一封摆放在贝多芬的赞助人——金斯基亲王的夫人画像前的一封信，内容是作曲家委婉地向这位伯爵夫人讨生活费。

这种相悖的顺从与叛逆，令人疑惑，也令人更加想深入了解贝多芬。

在过去十年里，曾数次拜访过贝多芬的多处故居，却无法参观完全部。毕竟，坊间流传他住过的地方有几十处。根据艺术史专业的奥地利好友伊尔丝的说法，维也纳总共有 67 处"贝多芬故居"！ 19 世纪初，位于维也纳第一区的帕斯夸拉提故居周围还是平地一片。贝多芬从他四楼的窗户看出去，能看到绿油油的一片山林。

与其同名的贝多芬祖父路德维希·范·贝多芬来自欧洲北部的弗莱芒地区，"范"（van）在弗莱芒文字传统中，是"来自"的意思，并不包含任何社会阶层的信息。但在德文中的同一个字——"冯"（von），则意味着贵族阶层的出身。

部分《第六交响曲"田园"》，就是在那里创作的。

贝多芬还在此创作了他唯一一部歌剧——《费德里奥》。说起来，在这趟从维也纳到波恩的旅程里，每一个关于这部歌剧的历史介绍都提到了贝多芬最初将这部作品命名为《莱奥诺拉》的典故（"莱奥诺拉"是"费德里奥"女性原名），但歌剧的版权被出让之后，作曲家只能被迫接受作品被改名的现实。女主人公莱奥诺拉以一己之力将爱人从牢狱中拯救出来，这与当时欧洲革命中的"英雄"与"胜利"主题相当贴切。贝多芬对女性英雄的塑造，也有人视之为作曲家的"女性主义"意识的体现。

在维也纳偶然路过当年首演《费德里奥》的维也纳河畔剧院。伊尔丝介绍道，与维也纳的许多演出场地一样，这家剧院

注：
在位于维也纳 19 区，毗邻山林与一大片本地葡萄园的贝多芬故居里，作曲家写下了《第三交响曲"英雄"》。

仍保留着当年的原貌。1805 年，歌剧以《莱奥诺拉》为名首演，但当时维也纳已被法国占领，本地百姓不愿与法国官兵一起看演出，首演惨淡。后来，贝多芬又修改了两次。2020 年 3 月上旬的维也纳剧院门前贴着 2020 年新版《费德里奥》的演出海报。这场采用 1806 年第二稿的演出，原本定在 3 月中旬首演，因疫情的缘故，转而通过网络录播的方式演出。离开维也纳后，原本计划去看波恩歌剧院最新版本的《费德里奥》，以及其他一些"贝多芬 2020"项目内的音乐会，但火车途中收到德国暂停所有音乐会与大型演出的邮件。无奈，这一趟专程因贝多芬诞辰 250 周年而展开的旅行，只能留一点儿遗憾了。

众所周知，贝多芬最初将《第三交响曲"英雄"》题献给拿破仑时，认为拿破仑是法国大革命民主、反专制理想的体现。1804 年秋，拿破仑称帝后，贝多

帕斯夸拉提故居

奥地利国家图书馆中的贝多芬展 © Österreichische Nationalbibliothek

芬取消了题献，但这部作品的谱写是在贵族资助下完成的，于是作曲家将《第三交响曲"英雄"》改献给洛布科维茨亲王（Lobkowitz）——神圣罗马帝国的波希米亚贵族世袭亲王。

根据贝多芬当时的秘书里斯的说法：在谱写这部交响曲时，贝多芬心中是想着拿破仑的，他对拿破仑有崇高的敬意，将其比作古罗马的伟大将领。里斯与几个贝多芬的密友都亲眼看到过，贝多芬书桌上的《第三交响曲"英雄"》的乐谱手稿封面最上方，工整地写着"波拿巴"，而"贝多芬"的字样写在最下方。里斯是第一个为贝多芬带来"拿破仑称帝"消息的人，

作曲家当即就大发雷霆，走到书桌前，"一把撕下手稿的标题页，扔到地板上"。这张被揉皱了的手稿，后来被收藏在维也纳金色大厅里。

取消题献的三个月后，贝多芬给自己的出版商写了一封信，信中说道："这部交响曲的标题应该还是波拿巴。"1806 年，《"英雄"交响曲》（Sinfonia Eroica）乐谱以意大利文作为标题问世。我们发现，"题献给波拿巴"这句话确实去掉了，但"以波拿巴为题材"的字样，依然保留在原谱上。结合当时的历史背景，可以理解出版商以"英雄"为名出版这部作品的实用选择：当时奥地利与法国正处于战争对峙状

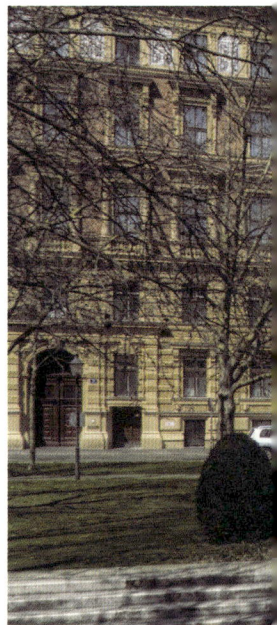

态，出版一部"拿破仑交响曲"，当然不是一个好的选择。

拿破仑于 1809 年占领维也纳后，贝多芬从早期的支持法国，转向了反法浪潮。1813 年，他写下了《威灵顿的胜利》，纪念威灵顿将军在维多利亚战役中打败拿破仑的丰功伟绩。1814 年，贝多芬为维也纳会议写下了大型康塔塔《荣耀时刻》（Op. 136）。早期的贝多芬研究学者一般都将这两部作品视为作曲家的"败笔"而绕过不谈。

光是阅读这些历史资料中的吉光片羽，一个在进步与保守之间来回踱步的灵魂就能依稀可见。

其中的一个体现是，在创作完《第三交响曲"英雄"》之后，贝多芬依然保留着他早期对法国大革命精神的热情。他的《第五交响曲"命运"》常常被视为贝多芬患上耳疾后要"扼住命运的咽喉"的决心，但这部交响曲的主题与灵感其实都离不开法国大革命的影响，尤其在最后一个乐章中，能清晰听到法国革命进行曲的影子。

注：
几年前，美国贝多芬研究学者马克·埃文·旁兹（Mark Evan Bonds）在一本名为《绝对音乐》的著作中提到，当时人们对于莫扎特的描述还未出现"天才"这样的字眼，而在贝多芬去世后，坊间已经开始将他往"上帝"的方向神化。

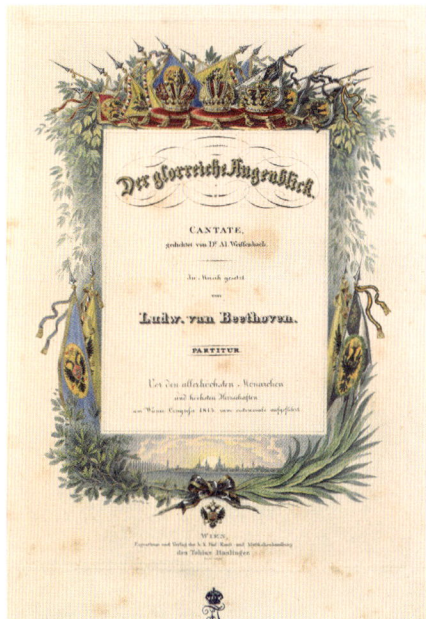

《荣耀时刻》曲谱 © Österreichische Nationalbibliothek

拿破仑对欧洲的征战，彻底打破了神圣罗马帝国的旧秩序。在贝多芬去世后的动荡时代，许多人投奔音乐事业以寻找心灵的安宁。19 世纪初，欧洲出现一种对音乐的信仰——相信音乐较之于文字，更具有揭秘宇宙的魔力，而最伟大的作曲家则是上帝与人类之间的通灵者。

在维也纳时，我还赶上了一场名为"世界子民、上帝的光"（Menschenwelt und Götterfunke）的展览，这是奥地利国家图书馆策划的纪念贝多芬诞辰 250 周年的特展，原计划从 2019 年 12 月 19 日一直展出到 2020 年 4 月 19 日，可惜在 3 月中旬时因新冠肺炎疫情蔓延而提早关闭。奥地利国家图书馆音乐档案部总监托马斯·莱布尼兹（Thomas Leibnitz）是此次特展的策展人，曾策划莫扎特、理查·施特劳斯、海顿与布鲁克纳的特展。

奥地利国家图书馆的巴洛克风格主厅中庭里，竖起了几块大纸板砌成的立体贝多芬肖像。在世人最熟悉的 1819 年贝多芬谱写《庄严弥撒》时的肖像画上，粘着

163

维也纳贝多芬广场

一簇月桂叶，说明上解释：树叶来自贝多芬去世时的房间。莱布尼兹在展览前言中写到：贝多芬给人留下的印象总是很孤僻，但现实未必就是这样。他写过很多书信，跟很多人都认识。策展人希望通过展览，展示贝多芬与他人的关系与联系。整个展览以时间轴为主线，划分为"社会关系""女性朋友"等不同主题。

在仔细看过展览后，我决定约莱布尼兹博士做一次交谈。第二天，我来到他在图书馆内的办公室。贝多芬特展筹备了两年时间，除了展示奥地利国家图书馆所收藏的贝多芬《小提琴协奏曲》手稿之外，莱布尼兹还从波恩"贝多芬之家"博物馆档案处借来了贝多芬肖像、书信等复件。

月桂树叶 © Österreichische Nationalbibliothek

LOUIS VAN BEETHOVEN.

展览中最重要的手稿，则是从柏林国家图书馆借来的贝多芬《第九交响曲"合唱"》部分手稿，其中包括了著名的"欢乐女神圣洁美丽"乐段手稿。这部分手稿同时收录在联合国教科文组织的"世界记忆名录"内。莱布尼兹提及展览的命名——"上帝之光"当然是指贝多芬的传世之作。他同时委婉地提及了《荣耀时刻》，"如果你熟知贝多芬的音乐，你会知道他有十分重要的作品，但也写过没那么重要的音乐。比如说 1814 年的时候，他为维也纳会议写的这部作品并没有广为流传，只是为一次特别的场面而写下的。这样的作品，或许就不会传世了。"美国音乐评论人亚历克斯·罗斯（Alex Ross）则认为这两部"败笔"作品，向我们呈现了低迷时期软弱状态下的贝多芬。

莱布尼兹谈起，贝多芬大半辈子都住在维也纳。他与他的资助者、学生、出版商、音乐同行、家人（尤其是侄子卡尔）的关系都很重要，这是展览的主题所在。我向莱布尼兹提及，在展览中也体现了贝多芬的一种自相矛盾的性格特点：他一方面大方接受王公贵族的资助，另一方面又对占领自己家乡波恩的拿破仑军队表示赞赏，对歌德路遇贵族时的毕恭毕敬嗤之以鼻。莱布尼兹的回复十分谨慎。他认为"这个话题有点复杂。""要去判断贝多芬的政治观点不太容易。他确实很喜欢拿破仑，张开双臂拥抱法国大革命，但同时又一直喜欢跟伯爵、公爵这些贵族们保持友善而密切的关系，尤其在意与奥匈帝国亲王鲁道夫的关系。鲁道夫既是他的学生，也是他的朋友。所以，很难说贝多芬是不是属于支持法国大革命的自由派。"他说。

无论如何，约有两万人参加了贝多芬的葬礼。当中响起一位妇人的声音："下葬的是音乐界的大将军啊。"贝多芬也许没有想到，拿破仑失于欧洲的自由理想，很可能已经由自己的鹅毛笔取代，在欧洲

坎姆里克斯的贝多芬头像雕塑 © Axel Kirch / CC BY-SA 4.0

新一代热血青年的心中重燃了希望。在当时的作曲家中，也确实没有比贝多芬更有政治胸怀的了。他早年就对社会变迁的反应极为迅速：1790 年，奥地利皇帝约瑟夫二世去世时，19 岁的贝多芬便写下了一部大型作品《约瑟夫二世皇帝逝世康塔塔》。约瑟夫二世以进步开明为人所知，他深知改革社会制度的必要，而年纪轻轻已坚信"天赋人权"的贝多芬，正是在这位皇帝的陪护下迈出了音乐生涯的第一步。多年之后，当贝多芬在写作歌剧《费德里奥》最后一幕时，再次用到了那部康塔塔里出现过的旋律。到了维也纳后，贝多芬给年少时代的友人韦格勒写信道："当我们的祖国富裕起来时，就是时候为穷人们创作了。啊，幸福时刻，认定自己有这么一个方向，我是多么幸运！"可惜约瑟夫二世的继承者不够开明。据记载，那位弗兰茨皇帝拒绝与贝多芬有任何瓜葛，理由是"他的音乐里有某种革命性"。

我们在探究历史时，推敲起许多细节来，也许都会让"乐圣"的光环打了折扣。

这时候，借用贝多芬听说拿破仑称帝后大发雷霆时说的话："所以他也不过是凡人而已！"这句话，其实也适用于被放置到神坛上的贝多芬。所有显微镜下的苛刻也就毋须有了。

作为贝多芬的家乡，波恩最不缺的就是作曲家的雕像。2009 年第一次到这个小城来时，给我印象最深的是贝多芬音乐厅附近的一座巨型头部雕塑。那是 1986 年"贝多芬节"时，来自杜塞尔多夫的雕塑家克劳斯·坎姆里克斯（Klaus Kammerichs），取材于 1819 年画家约瑟夫·卡尔·斯蒂勒（Joseph Karl Stieler）为贝多芬所绘的著名肖像，用混凝土创作的雕塑。可惜这次来，雕塑正好坐落在音乐厅被推倒重建的大工地上，被一同"隔离"了。必须站在远一点的地方，才能欣赏这部作品的妙处。一天内的阳光投射在不同之处，混凝土组成的面部线条随之变化，贝多芬的神态也跟着变化。这不啻是一种上佳暗喻。

165

CLASSICAL MUSIC

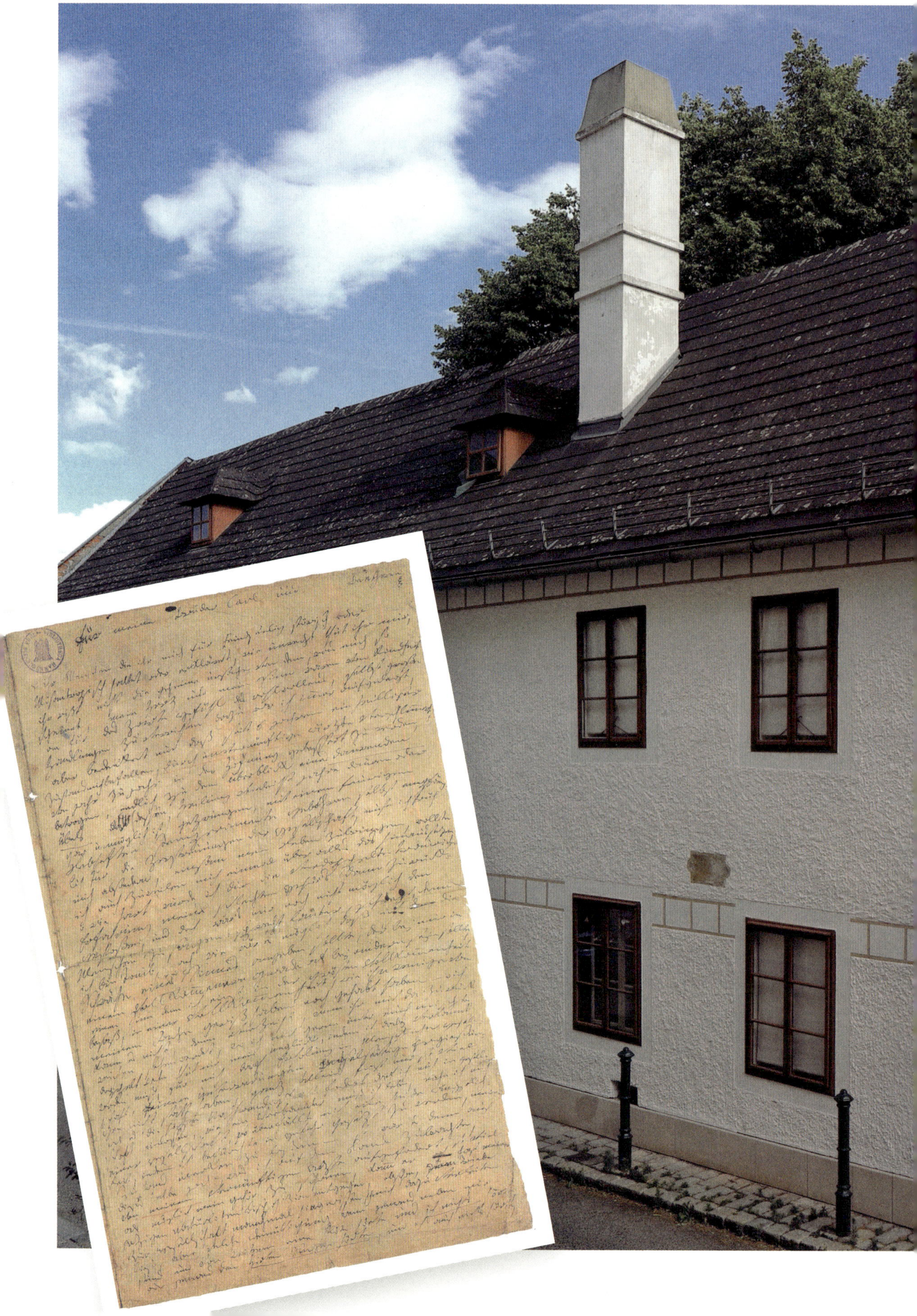

如果
《海利根施塔特遗嘱》
成真……

文 / 伯樵

1802 年，贝多芬觉察身体不适。在医生的建议下，他来到了维也纳城北九公里的海利根施塔特疗养。

海利根施塔特小镇古朴精致，幽静怡人，东边紧邻多瑙河，离维也纳极近，是个闹中取静的好地方，也成了贝多芬日后创作《第六交响曲"田园"》最重要的灵感来源地。1802 年，贝多芬在那里住了整整半年，边静养边创作，有时甚至完全忘了来这里休养的初衷。贝多芬在那里完成了《第二交响曲》、《三首钢琴奏鸣曲》(Op. 31) 和《三首小提琴奏鸣曲》(Op. 30)，创作力惊人得旺盛。海利根施塔特的居民甚至看见过贝多芬和他的弟弟卡斯帕当街争吵新完成的乐谱应当卖给哪个出版商的场景。

那年 4 月，贝多芬刚到海利根施塔特时可谓满怀希望。而仅仅六个月后，"乐圣"就要面对他生命中的至暗时刻。

至暗时刻

贝多芬海利根施塔特之行的目的，无疑是为治疗耳疾。1798 年，贝多芬在跟一位男高音的争吵中突然昏厥，醒来就发现自己出现了耳鸣的症状。不过年富力强的他不以为意，仍然不改其颇不健康的生活习惯——熬夜不睡，爱发脾气，畅饮低劣的葡萄酒……处于事业上升期的贝多芬虽然也对耳鸣感到苦恼，但

贝多芬在这所房子里写下遗嘱 © Bwag / Wikimedia

贝多芬雕像©Michael Kranewitter

挥洒不尽的乐思，与贵族赞助人的交往，乃至私人音乐会的举办，无疑占据了他大部分的精力和时间。随着耳鸣的愈发严重，贝多芬也意识到了问题的严重性，开始担心这种耳鸣会不会转化成耳聋。毕竟，贝多芬当时很重要的一部分收入来源是在私人音乐会上演奏自己的作品。如果耳聋的话，无疑将影响他的演奏事业和收入。贝多芬赶紧找大夫——药物、水蛭疗法、放血、温水浴、冷水浴、书皮绑手、电流刺激……贝多芬几乎穷尽了所有方法来治疗他的耳疾。

1802 年，贝多芬来到海利根施塔特时满怀希望。但六个月过去了，他的耳疾非但没能缓解，反而有加重的趋势。他在乡间游荡时，甚至听不见远处的笛声和牧童的歌声。他抱怨给自己看病的大夫是"庸医"，焦躁不已，厌倦了对耳疾痊愈再抱有不切实际的希冀。对于一个普通人来说，失去听力会使得工作和生活多有不便；对于一个音乐家而言，失去听力犹如画家失去视力，篮球运动员失去手臂，教师突然变成了哑巴，意味着一个音乐家再也无法亲耳听见自己的作品。

贝多芬想到了自杀

1802 年 10 月 6 日，他誊清了遗书。遗书中除了两段语焉不详的段落涉及遗产分配外，其余大部分内容都是他强烈的情感宣泄：

> 二十八岁上，我已不得不看破一切，这颇为不易；……——神明啊，你在天上参透着我的心，你认识它，你知道它对人类抱着热爱，抱着行善的志愿——啊，同胞，要是你们有一天读到这些，别忘记你们曾对我不公平……
>
> 我将怀着何等的欢心飞向死神……虽然我命运多舛，我还嫌它（死亡）来得过早，我祝祷能展缓它的出现——但即使如此，我也快乐了，它岂非把我从无穷的痛苦中解放了出来？——死亡愿意什么时候来就什么时候来罢，我将勇敢地迎接你……

很明显，比起"交待后事"，贝多芬遗书的表述更多是内心焦灼，恐惧未来的一种反应。与其说这是一封遗书，不如说是一篇遗书式的自我剖白。在前往海利根施塔特之前，他完全接受不了自己耳聋的事实，甚至还对这趟疗养之行充满希望。但半年调养无果，榨干了他对彼时医学的最后希望。在希望破灭之时，他终于开始考虑在生的痛苦与死的解脱之间进行一场抉择。

10 月 10 日，贝多芬又在遗书的下方添加了一段附言，他疯狂地滥用着破折号，言词不过是他意识的流动，激烈的语气背后其实并没有传递出什么实质性的信息：

> 海利根施塔特，1802 年 10 月 10 日，这样，我向你们告别，——当然是很伤心的——是的，我热切的希望——伴随我来到此地，至少在某程度内痊愈的希望——我必须完全放弃了。好似秋天的树叶摇落枯萎一般——这希望于我也枯萎死灭了——几乎和我来时一样——我去了——即使最大的勇气——屡次在美妙的夏天支持过我的——也消逝了——啊，万能的主宰，

给我一天纯粹的快乐罢——我没有听到欢乐的深远的声音已经多久——啊，什么时候——啊，什么时候，啊，神明——什么时候我再能在自然与人类的庙堂中感觉到欢乐——永远不？——不——啊，这太残酷了。

1802 年 10 月 6 - 10 日这五天，或许是贝多芬人生中最为黯淡的至暗时刻。在此之前，他是欧洲乐坛冉冉升起的新星，贵族大宅客厅中的宠儿，维也纳音乐界新一代的领军人物，连他的老师海顿都要避其锋芒。但 1796 年后，贝多芬引以为豪的这双敏锐的耳朵却再也不复从前。失去听力意味着停止演奏，停止练琴，放下他键盘炫技大师的超卓身份，告别让他尽展琴艺的社交欢场，意味着他只能在五线谱稿纸上才可继续挥洒无穷无尽的乐思。无疑，贝多芬早就揣度这一天迟早都会到来，只不过之前他还心存侥幸。《海利根施塔特遗嘱》之后，他不再抱有幻想。

"死亡边缘"与"心理自救"

贝多芬终究没有赴死。为何贝多芬最终并未选择死亡？《贝多芬传》的作者所罗门在分析《海利根施塔特遗嘱》时就注意到遗嘱中"奇怪而不相称"的笔调。自杀遗书的一种显著特征，就是过度的情感宣泄，无比晦暗的内心写照，对信仰的迷失和对未来的绝望。1802 年 10 月或许是贝多芬第一次直面"耳聋"的可能性，在此之前他只是间歇性的耳聋，长时间的耳鸣，他的听力仍然可以勉强支撑日常交流、钢琴演奏和作曲创作。事实上，贝多芬直到人生最后十多年，才完全进入"全聋"的状态，但，从何时起，贝多芬开始接受这一绝望的事实呢？海利根施塔特或许就是起点。

与其说《海利根施塔特遗嘱》是贝多芬留给后世的一份交代，不如说是他强迫自己认清现实的心理挣扎过程。虽然整份遗书的口吻是写给自己的弟弟卡斯帕的，但通篇阅读下来，读者最直接的感受其实是他剧烈的内心冲撞，他对所信仰的上帝的极力呼唤，以及对自己喷薄的艺术创作力即将随听力的每况愈下而逝去的不舍。学者型作曲家扬·斯瓦福德（Jan Swafford）认为贝多芬的生活方式在"遗嘱"前后"完全改变了"；而所罗门的话更为直接："'遗嘱'是一

是我的艺术，
就只有艺术留住了我。
啊！
在我尚未把我感到的使命
全部完成之前，
我觉得不能离开这个世界……

贝多芬在海利根施塔特散步的小径 © Herbert Josl

次告别——从此又是一次新的开始。"从"遗嘱"的字迹来看，这份文件经过认真地誊抄，而贝多芬的遗书底稿已然丢失。但从"遗嘱"的笔迹分析，贝多芬在誊写时心境可能已然平静，他的誊抄本是想为自己留下一个"告别旧我"的护身符，还是只是想留下一份字迹清晰的"有法律效力的"遗书，颇为值得玩味。

这份遗嘱最终并未寄出，而是被贝多芬藏在了一个隐秘的抽屉中。在"遗嘱"写完将近四分之一个世纪后，也就是1827年3月27日贝多芬去世后的第二天，人们在拔出了碗橱上的钉子后，才发现了装有"寄给不朽的爱人的书信"，年轻女性的象牙肖像，以及《海利根施塔特遗嘱》的抽屉。这份"未完成"的遗书被贝多芬放置在了最私密的角落，和"不朽的爱人"那略显神秘的爱情一起锁在一处——显然，那段没有结果的爱情与这次未施行的自杀行为一样，对贝多芬都有着超乎寻常的重要意义。

《海利根施塔特遗嘱》在贝多芬身后才公之于众，这显然不是一次事先张扬的死亡事件。贝多芬终其一生都在小心呵护这一秘密，他或许曾无限接近死亡，但最终选择了留在人世。这封未寄出的"遗嘱"更像是他凤凰涅槃的象征——所以他才会如此认真地誊录、收藏——他需要一次宣泄式地爆发来与过去那个心存幻想的自己告别，同时也需要一次拥抱艺术的重生。贝多芬在遗书中将大量的笔墨留给了艺术。

贝多芬或许从未把死亡当成一个真实的选项，对艺术的追求让他熬过了耳疾开始的前六年，让他支撑过接下来的四分之一个世纪。《海利根施塔特遗嘱》是一封他写给自己的宣言。在呐喊出这个宣言后，他将告别人生的至暗时刻，迎接崭新的自己，哪怕这个崭新的自己注定有一天无法聆听这个世界。

如果《海利根施塔特遗嘱》成真……

对爱乐者来说，《海利根施塔特遗嘱》并未成真或许是西方音乐史最大的幸事。如果贝多芬真的选择在1802年10月终结自己的生命，这个世界失去的将不仅仅是贝多芬，还有无数划时代的作品。作为影响了舒伯特、勃拉姆斯、瓦格纳等一代的音乐巨人，

贝多芬如果选择了"执行"《海利根施塔特遗嘱》，无疑将改写整个西方音乐史。

那么如果"遗嘱"成真，我们将失去哪些作品呢？首先，伟大的九部交响曲里将只会存在前两部，伟大的《第三交响曲"英雄"》《第五交响曲"命运"》《第六交响曲"田园"》《第七交响曲》，以及伟大到无以复加的《第九交响曲"合唱"》都将只存在于音乐史的平行世界中。三十二首钢琴奏鸣曲中，前二十首作品基本于1802年前完成，但自《C大调第二十一钢琴奏鸣曲"华德斯坦"》开始，贝多芬那些伟大的中晚期作品将全部消失，其中包括《降B大调第二十九钢琴奏鸣曲"槌子键琴"》和最后三首晚期奏鸣曲。当然，1823年写成的《六首钢琴小品》(Op. 126)同样不复存在。

大体能保存全貌的只有小提琴奏鸣曲。1802年前，贝多芬已经基本创作完成了十首小提琴奏鸣曲中的前九首，其中包括著名的《F大调第五小提琴奏鸣曲"春天"》和《A大调第九小提琴奏鸣曲"克鲁采"》，只有《G大调第十小提琴奏鸣曲》还未创作。在协奏曲方面，《G大调第四钢琴协奏曲》《降E大调第五钢琴协奏曲"皇帝"》《D大调小提琴协奏曲》也将不复存在。弦乐四重奏部分的"损失"或许仅次于交响曲部分：第七至十六这十首半作品(含《大赋格》)都将烟消云散，我们将无缘听到所有伟大的晚期四重奏。同时，1823年完成的《庄严弥撒》也会因为这次死亡而无法传诸后世……

除了这些巨作，我们甚至无法听到写于1810年的《致爱丽丝》……

我们要感谢贝多芬无比坚定的意志和对艺术的热忱，没有在人生路上迈出那错误的一步。以《海利根施塔特遗嘱》为分水岭，体验过极致绝望、极致黑暗的贝多芬，其创作逐渐走向了"庾信文章老更成"的新境界中。没有经历过《海利根施塔特遗嘱》至暗时刻的贝多芬，或许只是一个少年得志、恣意妄为的狂生。经历了"遗嘱"而不幸自杀的贝多芬，多半只是西方音乐史上一位英年早逝、令人扼腕的青年才俊。只有经历了"遗嘱"而又幸存的贝多芬，才能成为我们所认识的那个雄浑伟岸、超凡入圣的"乐圣"贝多芬！

什么杀死了贝多芬？

编译 / 王郁婷

    一直以来，有关贝多芬个人悲剧生活的讨论不曾中断。在 45 年的创作生涯中，他完成了 722 部作品（含未完成作品）。然而讽刺的是，多年来他一直挣扎在一个没有声音的封闭世界中。关于他失聪的讨论一直不绝于耳，却鲜少提及其他疾病。其实，在历史记载与医学记录中的他还遭受着常人难以想象的健康问题。在这篇文章里，我们将贝多芬置于"手术刀"下进行剖析。

    贝多芬受洗于 1770 年 12 月 15 日的德国波恩，其父约翰·范·贝多芬（Johann van Beethoven）于 1792 年因酗酒去世，其母于 1787 年死于肺结核，其弟卡斯帕于 1815 年也死于肺结核，另一个弟弟尼古拉斯·约翰·范·贝多芬（Nikolaus Johann van Beethoven）于 1852 年因动脉粥样硬化性心脏病而死。在波恩，贝多芬度过了他人生的前 22 年。他 5 岁开始哮喘，肺部非常虚弱。此外，他还得过天花，在脸上留下了疤痕。

腹部疾病

搬到维也纳后，贝多芬即出现腹部不适症状，腹痛和腹泻反复侵扰他。1797 年夏天，可能是伤寒导致了他严重的腹泻。1801 年，中腹部疼痛反复发作，他时而便秘，时而腹泻。这些肠胃症状通常指向两种诊断——炎症性肠病和肠易激综合征。1812 — 1820 年间，贝多芬多次抱怨其腹泻、脱水、厌食和腹绞痛，绞痛非常严重，以至于他不得不增加酒精摄入量来抵御疼痛。然而，在生命的最后阶段，他才发现正是酒精加剧了腹痛和腹泻等疾病的恶化。1821 年，贝多芬长期被黄疸、腹痛和呕吐困扰。数月后，黄疸症状才得到缓解。在这个阶段，病毒或酒精性肝炎，以及慢性或复发性胰腺炎都是可能的诊断。

听力与心理障碍

关于贝多芬失聪的信息，可在他与好友的书信、相关书籍及验尸报告中一窥端倪。他在 28 岁时就曾抱怨轻度波动性耳聋（左耳先于右耳）的问题，这跟长期耳鸣有关，后又因高烧而加重。三年后，他仍能掩盖他的失聪，但此后的症状发展愈发失控，他在 1801 年这么写道：

> 三年来听力持续恶化……嗡嗡作响，不舍昼夜。对其他职业来说或许还能忍受，但是对我来说这就是致命的……为了让你对我的情况更加了解，我必须告诉你，为了能在剧院里听清演员的声音，我必须将身体前倾靠近乐团；距离稍远时，就很难听到乐器和歌手的高音；如果再远一点儿，就什么都听不到。通常我能听到低声交谈的语调，但听不清交谈的内容，可只要有人大吼大叫，一切又会变得难以忍受。

1814 年，贝多芬 44 岁时，他已经完全失聪，也无法和人交谈。他挣扎地将助听器套在头上，双手得以空出来指挥。1822 年，他意识到自己已经成为演出的障碍，便停止了指挥。他的语言能力并未受影响，虽然此时的他高度依赖那个著名的手写对话簿。1824 年贝多芬担任《第九交响曲"合唱"》名誉指挥时，独唱之一在表演结束后好心地将贝多芬转向观众，让他可以看见观众的欢呼。严重的失聪，导致他活在恐惧、自尊心缺乏、情绪失调、自我孤立及自我忽视的心理环境中。人们经常看见他没戴帽子，穿着旧外套邋遢地走在路上，行为举止也日渐古怪。他经常发脾气，与医生（通常在专业领域是顶尖的）的关系越来越糟，称他们"笨医生"或"混蛋医生"。同时，严重的持久性头痛、加剧的肠胃问题和风湿病也相继复发。在信件中，他说自己几乎从未摆脱过肠胃问题及风湿病。

失聪对贝多芬的创作造成了极大影响。传记作者倾向于将他的创作分为三个阶段：第一阶段是从他开始创作到他出现失聪症状时（约 1800 年），那时他的作品受到海顿和莫扎特的影响；第二阶段是在 1800 — 1815 年间，虽失聪情况日渐严重，但他的著名作品如《"月光"奏鸣曲》，以及第三、四、五、六交响曲都创作于这一时期；第三阶段是从他完全失聪后，疾病的反复发作和神经衰弱折磨着贝多芬，在周遭的世界陷入寂静时，《第九交响曲"合唱"》和《庄严弥撒》，以及众多影响后世的伟大音乐，诞生在一个从未听过这些音乐的人的脑海中。

贝多芬墓

经性失聪的可能性也不大，因为中枢神经系统没有异常。脑膜血管梅毒导致失聪也不太可能，尽管特奥多尔·冯·弗里梅尔（Theodor von Frimmel，贝多芬研究专家）等人认为贝多芬患有梅毒，但他们的理论仅立足于他曾经有治疗梅毒的药膏，而这种药膏也可以用来治疗梅毒以外的皮肤病。贝多芬也没有皮疹史。梅毒性感音神经性失聪的特点是失去对高音和低音的感知，这跟贝多芬的情况也不符合。

耳硬化症

这项论点的证据是困扰贝多芬的耳鸣（即便耳鸣在其他类型耳聋中是常见的症状）和加重的失聪状况，但没有证据表明贝多芬有遗传性耳硬化，他也没有耳硬化常见的前庭症状，验尸时也没有发现骨质固定等问题。

其他

柏哲德氏病也被认为是可能的原因，尤其因为贝多芬颅骨穹顶的厚度，但此外就没有其他证据了。美尼尔氏综合征的可能性也不大，因为贝多芬没有头晕和前庭症状。

风湿病

贝多芬常常将他的风湿病和腹痛联系起来。1804年，严重的发烧和脓肿让他几乎丧失了一根手指，而一年后，他的下颌上又出现了另一个脓肿。1822年，他患了胸痛风，即便在医学史上对这种疾病已有充分记载，却仍没有有关其症状和体征的详细资料。1823年8月至1824年6月间，贝多芬多次提到眼睛痛，这可能是由葡萄膜炎引起的。

最后的疾病

1825年，贝多芬的精神与身体状况持续恶化，出现脓皮病（尤其在脚部）、反复流鼻血和咳血等症状，且黄疸再次复发。1826年11月，他离开维也纳前往乡下创作四重奏作品（Op. 130和Op. 135），但因身体状况不好，不得不在12月2日返回维也纳。抵达后，接踵而至的高热，全身发冷和胸痛令他筋疲力尽。医生检查出脚踝和前肢肿胀、咳嗽、发热、厌食、肝脏肿大，及腹膜发炎的症状，最后确诊为肝衰竭和肺炎。

可能的失聪原因

复发性中耳炎导致的中耳聋

这应该是最不可能导致贝多芬失聪的原因，因为他没有以下症状：耳朵有液体流出，急性症状，前庭症状，耳朵痛。根据记载，贝多芬在失聪的第一阶段时失去了对高音音符的感知，而中耳聋会对中、高、低音都失去判断能力。验尸报告的结果也不支持这一说法。报告指出，耳鼓没有穿孔，乳突过程中"有明显的空气细胞，内部有高度血管黏膜"。

神经性失聪

贝多芬曾经将他的失聪归咎于意外跌倒的事件，因此有人提出他的失聪源自前庭耳蜗神经受损。他曾经在1815年写道："我摔了一跤，从那时起我就失聪了，医生说有神经受到了损伤。"然而，并没有任何证据表明他的头部受到重伤。支持此论点的证据有：早期丧失对高音的听觉能力，验尸时又发现其听觉神经萎缩。即便有这些证据，一般还是不认为这是贝多芬失聪的原因。神经性失聪多伴有眩晕和眼球震颤等症状，而贝多芬则没有这些症状。因脑膜炎诱发神

到了 1827 年 1 月，贝多芬的腹部已经满是积水，医生反复使用穿刺术抽水，让他饮酒以减轻剧烈的疼痛并预防谵妄。1827 年 3 月上旬，安德里亚斯·瓦鲁奇（Andreas Wawruch）博士参与了贝多芬的治疗。他发现了呼吸急促、咳血和右侧胸痛等症状，诊断为肺炎，并要求贝多芬卧床休息。一周后，他又记录了腹泻、黄疸、呕吐、腹部及踝关节肿胀、无尿等症状。接下来的一周，贝多芬出现了心、肺、肝和肾功能衰竭的迹象。在 3 月中旬，瓦鲁奇两次使用穿刺术，分别排出 11 和 22 升的积水。然而，其中一个穿刺点不幸感染，导致贝多芬腹水不断漏出。3 月 24 日，贝多芬陷入昏迷。两天之后的傍晚 6 点，他与世长辞。

验尸由约翰·瓦格纳（Johann Wagner）博士和卡尔·洛基坦斯基（Karl Rokitansky）博士负责。在至少三次的验尸中，他俩参与的第一次验尸应该是最权威的，在贝多芬的腹部发现大结节性肝硬化（肝脏萎缩）现象。这个发现证明了贝多芬生前罹患的不是酒精性肝硬化，因为此疾病的病灶一般是小结节型的。他俩还发现了门脉高压和脾肿大（肿至平常的三倍）等现象，这些现象符合严重或慢性肝病的病症。腹腔内有 9 升已感染积水，积水不一定与肝功能衰竭有关，而感染几乎可以肯定继发于反复的穿刺术。此外，慢性胰腺炎（胰腺异常坚硬）和胆石症也被记录在验尸报告中。在头部和颈部，他们指出颅骨穹顶基本上均匀致密（厚度约 0.5 英寸），听觉神经很细（左耳较右耳更细），听觉动脉粥样硬化。然而，验尸结果并没有一般被认为与梅毒等慢性炎症有关的内膜炎的证据。听小骨和颞骨被保存下来供检查，却丢失或遭被盗。尽管在 1863 和 1888 年两次挖出尸体后检查，却没有取得更多重要发现。

结论

一些学者试图从临床学角度剖析贝多芬的身体状况，还有一些学者寄希望于一种使得贝多芬绝大部分（即使不是全部）病症可以得到合理解释的综合征。例如，系统性红斑狼疮、骨柏哲德氏病、结核病、结节病、炎症性肠病、惠氏病等，但这些推断不是缺少直接记载就是与记载中贝多芬已知的病症相矛盾。

根据医学记录和已发表文献，可以推测贝多芬的失聪其实与多数成人会有的耳鼻喉毛病类似，用医学名词来讲，即神经性耳聋与轻微的耳硬化导致的骨质性耳聋的混合，但这两者跟其他疾病都不相关。有足够的证据怀疑贝多芬的肠胃问题继发于炎症性肠病，肠病中克隆氏症的可能性大于溃疡性结肠炎。克隆氏症引发的关节病和葡萄膜炎可能会导致风湿病。肝硬化也可能与肠病相关，贝多芬的酗酒习惯加重了肝硬化，同时又导致了慢性胰腺炎，最后演变成为肝功能衰竭。这无疑是贝多芬的最终死因。

参考资料：
Ludwig van Beethoven: a medical biography, Adam K Kubba, Madeleine Young, The Lancet, Vol 347, January 20, 1996

175

贝多芬葬礼 © Beethoven-Haus Bonn

延伸阅读

Erweitertes

Lesen

Em

manuel Pahud

埃曼纽尔·帕于德：

新音乐与贝多芬

采访 / 马光辉

能进入世界顶级乐团——柏林爱乐做长笛声部首席，必定有其扎实的演奏功底。这可能体现在其演奏如巴赫、莫扎特、贝多芬创作的传统曲目上。然而，埃曼纽尔·帕于德（Emmanuel Pahud）并没有止步于此。签约百代经典（EMI Classics）后发行的第二张专辑中，他就和老朋友——钢琴家埃里克·勒·萨吉（Éric Le Sage）玩起了杜提耶、梅西安、米约等人的"新音乐"。二十多年后，新冠肺炎疫情肆虐之时，在空无一人的柏林皮埃尔·布列兹音乐厅内，他和另一位老朋友——巴伦博伊姆创办了一个可能是一次性的新音乐节（A Festival of New Music）。面对其无法成为商业模式的无奈，连音乐节名称中的冠词"a"都透露出谦卑。与此同时，他与法国电影作曲家亚历山大·德普拉（Alexandre Desplat）合作的新专辑进入了发行周期，下一张贝多芬室内乐专辑也已经完成了录制。从贝多芬到新音乐再到电影音乐，从独奏家到室内乐手再到管弦乐团乐手，除了作曲，可能没有帕于德未曾涉猎的音乐领域了。

2020 年 7 月中旬，新音乐节结束之后，"橄榄古典音乐"趁热打铁，与帕于德进行了访谈。关于新音乐，关于贝多芬，关于电影音乐，关于艺术的重要性，他热情分享。

On New Music

距离 / 亲密
DISTANCE / INTIMACY

布列兹音乐厅 © Volker Kreidler

作为演奏者，演奏莫扎特的作品和布列兹等人的新音乐作品有什么不同吗？

当然了，差别大多了。我记得 17 岁时参加作曲家布莱恩・费尼霍（Brian Ferneyhough）的大师班，学习他的作品《卡珊德拉梦之歌》费了我很大劲儿，它对演奏者的灵活性和技术性要求极高。之后，我开始准备比赛，重返舒伯特和莫扎特的世界。我发觉舒伯特的音乐并不要求我做出迅捷的变换。虽然在演奏技术上更容易，但对音乐光影、色彩、视野的要求却更高，我也在舒伯特那里感受到了更多的人性。这就是我 20 岁前感受到的差

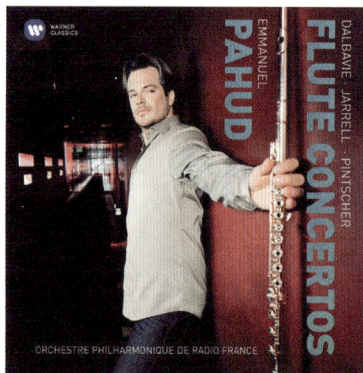

帕于德与法国广播爱乐乐团合作的当代长笛协奏曲作品专辑

让我们以一个简单的问题开始。什么是新音乐？

新音乐是新写就的作品，它的结构是新的，它处理音乐的想法是新的，可能连接受它的方式也是新的。伟大的作曲家在自己的时代都在创作新音乐，向前这可以追溯到人类文化的起源时。巴赫、泰勒曼为管风琴写新音乐，莫扎特为单簧管而写，贝多芬为钢琴而写，新音乐的实践就这样一直持续到今天。新音乐肯定不为听众熟知，这就意味着重复聆听的必要性。在新音乐内化并进入个人的生活之前，听众要首先学会接受它。

为什么要选择在新冠肺炎疫情尚未结束的当下举办新音乐节？

在疫情期间，互联网上的音乐内容成倍地增长——直播、历史音乐会等数不胜数，但听众都倾向于观看自己熟悉的内容，这让他们感到舒适。不常参与音乐会、艺术展等线下文化活动的人对新内容就会丧失好奇心。新音乐在疫情冲击下受伤惨重，这一点我跟巴伦博伊姆大师达成了共识。我们邀请十位作曲家创作新音乐，希望能给观众带来独特的体验。但这应该是一次性的活动，因为很明显，它不会变成新的商业模式，哈哈。不过这确实让我们反思日常工作的重要性，以及为什么我们在无法现场演出的当下要对音乐保持创造力和好奇。

异。说真的，到现在我的观点也没有改变很多。我对两种音乐产生了同样的热情，不会区别对待巴赫的音乐和新音乐。但多次和爵士乐队、当代音乐家合作后，我必须说，在结构、即兴、音乐装饰等方面，我学到了很多，反过来这也影响了我对巴赫、亨德尔、泰勒曼作品的演绎。通过与当代音乐家的合作，我得到了进入创作者思想的可能。莫扎特、贝多芬、舒伯特创作的作品永流传，但他们也是自己作品的演绎者。从脑中到纸上再到音乐厅，他们对音乐的体验是全方位的。今天，音乐家可演奏的作品数量远超那个时代，但为了触及音乐的最深处，我们需要与作曲家建立联系。

布列兹音乐厅 © Volker Kreidler

今天的新音乐有没有共享巴赫、贝多芬的传统？

当然！我可以在利盖蒂的音乐中听到库普兰和舒曼的影子。今日我们所有的文明，音乐也包括在内，都植根于从远古流传至今的普世价值中。西安的兵马俑、埃及的金字塔、希腊的古建筑……，不同文明的艺术之间有着难以置信的联结。艺术通过权力传播，军事、宗教或权贵是载体。舞蹈和流行音乐则更多来自民间。对每种文化来说都是这样。我们今天演奏的音乐或者明天将演奏的音乐都来自这些传统。未与传统有机结合的音乐很有可能无法吸引人。

如果我们讲作为"复数"的音乐，尤其是那些属于传统音乐厅的音乐，那至少可以有三种类别——巴洛克的、古典与浪漫的、当代的或者说是现代的。这些类别之间的墙是谁造就的？

当然这是根据音乐的特性划分的。我可能无法完全回答这个问题。我刚才说过，从巴赫到李斯特的那个时代，作曲家同时也是演奏家。后来，有的人决定专攻某个领域，就这样一代又一代，专业领域得到细分。比如说，我在巴黎上学时，长笛手练习最多的就是法国巴洛克时期的曲目，但同时，贝里奥、施托克豪森、布列兹、武满彻等当代作曲家也会来授课。

A Game of Seduction

新音乐以其复杂性而让人有距离感，我们该如何与其保持亲密？有趣的是，"距离／亲密"作为你们策展的主题，不仅是新音乐面临的问题，也是当下世界面临的问题。

新音乐和听众的关系就像一场关于诱惑的游戏，跟人际关系一样。你不可能在初次见面时就洞穿一切秘密，这还关乎了解对方的欲望和对方传达的信息。如果你第一次聆听新音乐就知晓了它传递的全部信息，那它就不再神秘，聆听的张力得不到维持，你也失去了继续了解的欲望。在马勒和布鲁克纳的交响曲中也是这样。音乐的思想、结构，它传达的故事，以及故事的讲述方式，不管我们称之为巴洛克的、古典的、浪漫的、当代的还是新的，这些元素都在。你看，我们还是回到了刚才的问题——当代音乐之间的差异是什么。当代（contemporary）音乐意味着新（new）音乐或现代（modern）音乐，当代音乐意味着我们时代的音乐，为我们时代的人而写的音乐。当代的不一定是新的，但却是符合当下潮流的。新音乐展示了作曲和演奏的新可能性；现代音乐是指那些超越时间的，也许是几百年前写的却时时与现实保持关联的作品。在每一个科学领域内，我们都可以对其分门别类并贴上标签。但我们为什么讨论这个话题，这是个问题。因为对音乐来说，听比说要好得多。听觉空间是无限的，词语能形容什么？

重复是理解新音乐的唯一方式吗？这会不会有点霸道？

重复是提高的方式。小时候，如果不了解什么事情，家长或老师会将它拆解，一点一点慢慢教授。如果某一天我们可以独立完成这个步骤，就代表我们学会了学习。不管是新音乐还是旧音乐，熟悉是很重要的。相比第一次听维瓦尔第《四季》，第十次听时我们可以听到更多细节。同样，对一个你完全不知道的作品也是如此。

帕于德和理查德·托涅蒂（Richard Tognetti）、澳大利亚室内乐团合作录制的《维瓦尔第长笛协奏曲》唱片

德普拉与帕于德 © Parlophone Records Ltd

乐是电影成功的关键之一，有时候音乐创作会先于影像。我很荣幸，可以与亚历山大·德普拉（Alexandre Desplat）共事。他在古典音乐领域有丰富的经验，对各类乐器有全面的了解，这点你可以从他的配器中发现。他也曾是长笛乐手，很擅长运用木管乐器在音乐中制造流动感，他甚至在电影《水形物语》（2017）中用了十支长笛演奏，让人惊叹。

他在新专辑《航线》（Airlines）中有为你做新的编排吗？

没错。专辑中有一些我个人觉得是过去二十年中最好的电影音乐作品，同时也包括了他新的作品，比如，专辑同名曲《航线》——一首长笛独奏作品。另一首作品《佩利亚斯与梅丽桑德》作于几年前，他为这张专辑做了一些修订。

一方面，我们有纯粹的音乐项目，我与巴伦博伊姆联手呈现的就是其中的翘楚。另一方面，像我之前说的，文化、宗教、军事或民间活动也能塑造音乐。对电影来说，音乐是无法割裂的存在。20 世纪初的默片时代，演员的表演看起来很怪，因为他们只能通过肢体语言表达情绪，而音乐则在传递情感上起关键作用。肖斯塔科维奇、普罗科菲耶夫也是电影音乐作曲家。今天，很多职业乐器演奏家也为电影音乐服务。当然，电影音乐的语言比较常规，存在一些激起观众情感的套路。比如，在悬疑片中，即使我们不看画面，声音也会营造张力；而在喜剧片中，音乐富有表现性，赋予观众丰富的情绪。我从一些电影制作人那里得知，音

除了菲利普·马诺里（Philippe Manoury）、马蒂亚斯·品彻尔（Matthias Pintscher）、约尔格·威德曼（Jörg Widmann）等人的新音乐，在莫里康内、德普拉、坂本龙一、马克斯·里希特（Max Richter）的电影音乐中也有新音乐元素出现。我们可以称这些电影音乐为新音乐吗？

183

CLASSICAL MUSIC

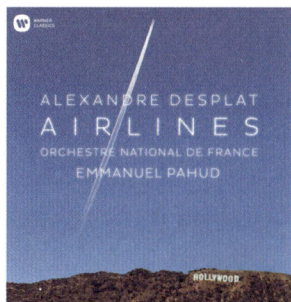

ALEXANDRE DESPLAT
AIRLINES
ORCHESTRE NATIONAL DE FRANCE
EMMANUEL PAHUD

帕于德与德普拉合作新专辑《航线》

On
BTHVN

现代的？ 现代的！
MODERN？MODERN！

上：2019 年 8 月 24 日，柏林爱乐乐团在新任首席指挥基里尔·别特连科
率领下，在柏林勃兰登堡门举行户外音乐会，演奏贝多芬《第九交响曲"合唱"》© Stephan Rabold
右下：2020 年的柏林爱乐欧洲音乐会在空无一人的柏林爱乐大厅举行 © Monika Rittershaus

听说你下张专辑中有贝多芬室内乐作品。你喜欢贝多芬吗？他在你的"万神殿"中处于什么位置？

哈哈，在贝多芬年开始前，就有人问过我这个问题。很简单，作为长笛乐手，我可以放一年假了。除了管弦乐作品，他大概就为长笛写了时长一小时的室内乐作品。因为新冠肺炎疫情，项目有变，我们得以在 2020 年完成这张专辑。与巴伦博伊姆和柏林爱乐同事一起合作我很荣幸。对我来说，贝多芬音乐最有力的就是钢琴奏鸣曲、弦乐四重奏和交响曲。在钢琴奏鸣曲中，贝多芬对钢琴的掌控时常令我惊讶。在柏林爱乐乐团，我很荣幸地经历了阿巴多、西蒙·拉特和别特连科的时代。我们有新任首席指挥时，都会在其上任的第一乐季安排贝多芬交响曲的演出，通常是第七、九或第五交响曲。像宣言一样，向全世界宣告这就是我看待音乐的方式。

你可以说出几个当代的贝多芬吗？

唔……这个问题有点儿难，需要好好想一下。时代不同了。在贝多芬的时代发生了很多革命，那个时代的人有着对理想世界的憧憬，文学家、哲学家都是这样。当今的时代不再给音乐家这个发展空间了，我还需要想一下这个问题，但有一点是毋庸置疑的，贝多芬依然是现代的 (modern)。

2019 年夏天在勃兰登堡门，你们为数万观众演出《第九交响曲"合唱"》。仅仅半年后，你们依然演奏，不过现场观众数量就断崖式下跌至零。

这两件事情都太独特了，我从来没有为 5 万名现场观众演出过，也从来没有为零现场观众演出过——尽管我们步入了爱乐大厅，身着正装，面对摄像机。仅仅半年的时间之隔，却能体验到如此落差，不得不说是独特的体验。一个是极端受欢迎的活动，一个是极端私密的活动。从 4 月中旬到今天，我们能一直持续地在空无一人的音乐厅进行演出直播，得益于数字音乐厅免费 30 天的计划，这让音乐触及到更多人。作为音乐家和艺术机构工作者，我

们有责任为大众播撒希望，传递包含能动性的信息。虽然疫情的影响是方方面面的，但社会也不一定非要变得瘫痪。在安全第一的基础上，根据每个国家和地区制定的规则，艺术家们脑洞大开，在夹缝中传递希望的信息。但我还是要说，这不是商业模式，我们无法在零观众、零票房收入的情况下保持演出，并免费播送高

质量内容。这只是我们在全世界陷入震惊时，为每个希望走出困境的个体搭把手而作出的努力。这也给了我们重启演出市场的新思路。一些地方已经可以开展有限观众的现场演出了，一些地方甚至已经完全没有限制了，这带给我们希望。我们不能将维护健康的职责全部交给权力机关和卫生部门，每个人都应该参与其中。

贝/多/芬/入/戏

——电影中的贝多芬弦乐四重奏

文 / 肥内

电影《贝多芬传》(1936) 中有这么一幕：为了发泄自己对茱丽叶婚礼的不满，贝多芬闯入教堂的琴室，将自己反锁在内，用琴键弹奏出送葬曲。音符本是中性，但是音乐家却深知如何使用乐音制造抽象感受。

当电影开启了它的声音之旅后，默片时代的创作者似是习惯性地以视觉心理构想声画之间的关系：在电影《亚历山大·涅夫斯基》(1938) 中，导演谢尔盖·M . 爱森斯坦（Sergei M. Eisenstein）与作曲家普罗科菲耶夫一起设想了让乐谱的音阶造型来搭配影像的构图，完成视听交响乐的效果（图一）。但这个实验却不能说十分成功，毕竟观众对画面的感知不见得就像读乐谱一样按照由左至右的顺序完成；此外，观众不

一定都能同时掌握画面构图的造型性与音乐的动态。所幸普罗科菲耶夫的作品与电影的气氛吻合，因此，纵使不能听出音阶走向，也能感受到足以渲染出戏剧性的情绪。这也是为何人们不一定留意得到《贝多芬传》的导演阿贝尔·冈斯（Abel Gance）早就在情绪与造型两方面，考虑到音画的组合：在贝多芬发现自己患了耳疾时，影片用的是《F 大调第十六弦乐四重奏》（作品 135）第三乐章来表现。从影片使用的段落（图二）可以看出，第一小提琴的音阶始终努力往上拉，其他三把提琴却执拗地维持着平行步行，压抑着乐曲的爬升，到第 11、12 小节，因为对位，大提琴甚至在小提琴竭力来到高处的过程中还在下行，继续拉扯。

Beethoven String Quartets in Films

若将乐谱对应到这一段的九个镜头中（图三），能更清楚看到对应的情况。冈斯的这种尝试不但早于爱森斯坦，还走得更远一些：比如，第 4 个镜头与第 5 小节对应，造型（贝多芬的背影）的线条，对应到中提琴与大提琴的动势，中低音象征疾病带来的沉重感，面向太阳的贝多芬画面实际上预示了他不会被疾病打倒。

再有，由于这首作品是贝多芬的最后一首弦乐四重奏，又带来了一种"结束"的含义，仿佛回应了他以为是人生结束的画面。作为一种"结束"，音乐在本片中是明确的：在他弥留之际，这个乐章再次响起。

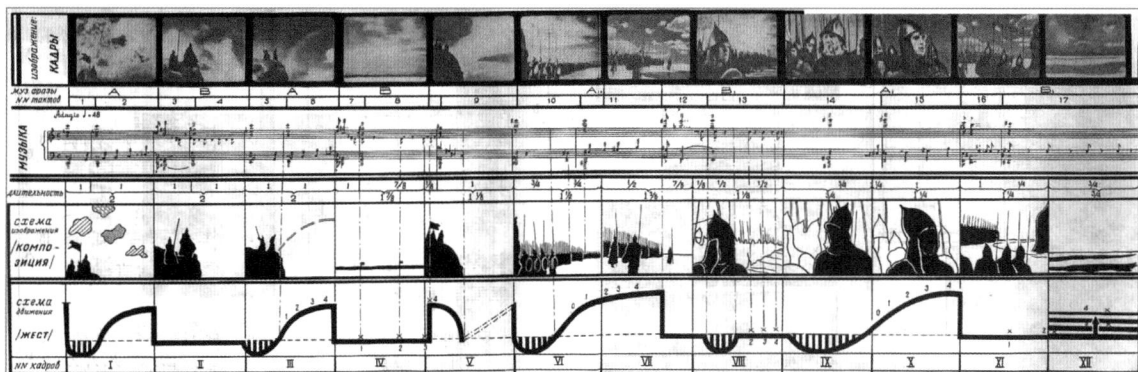

图一

图二

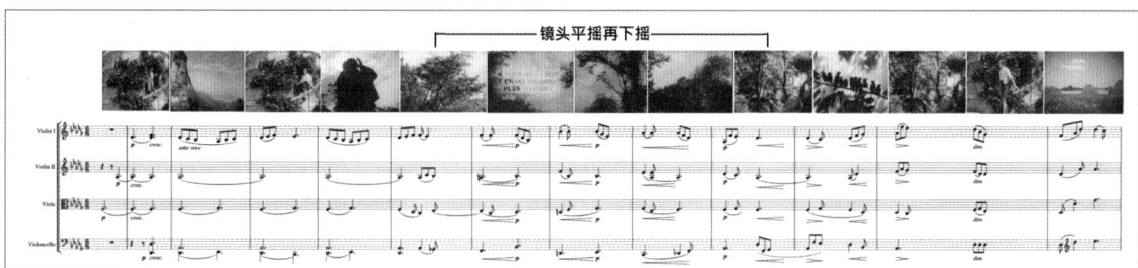

图三

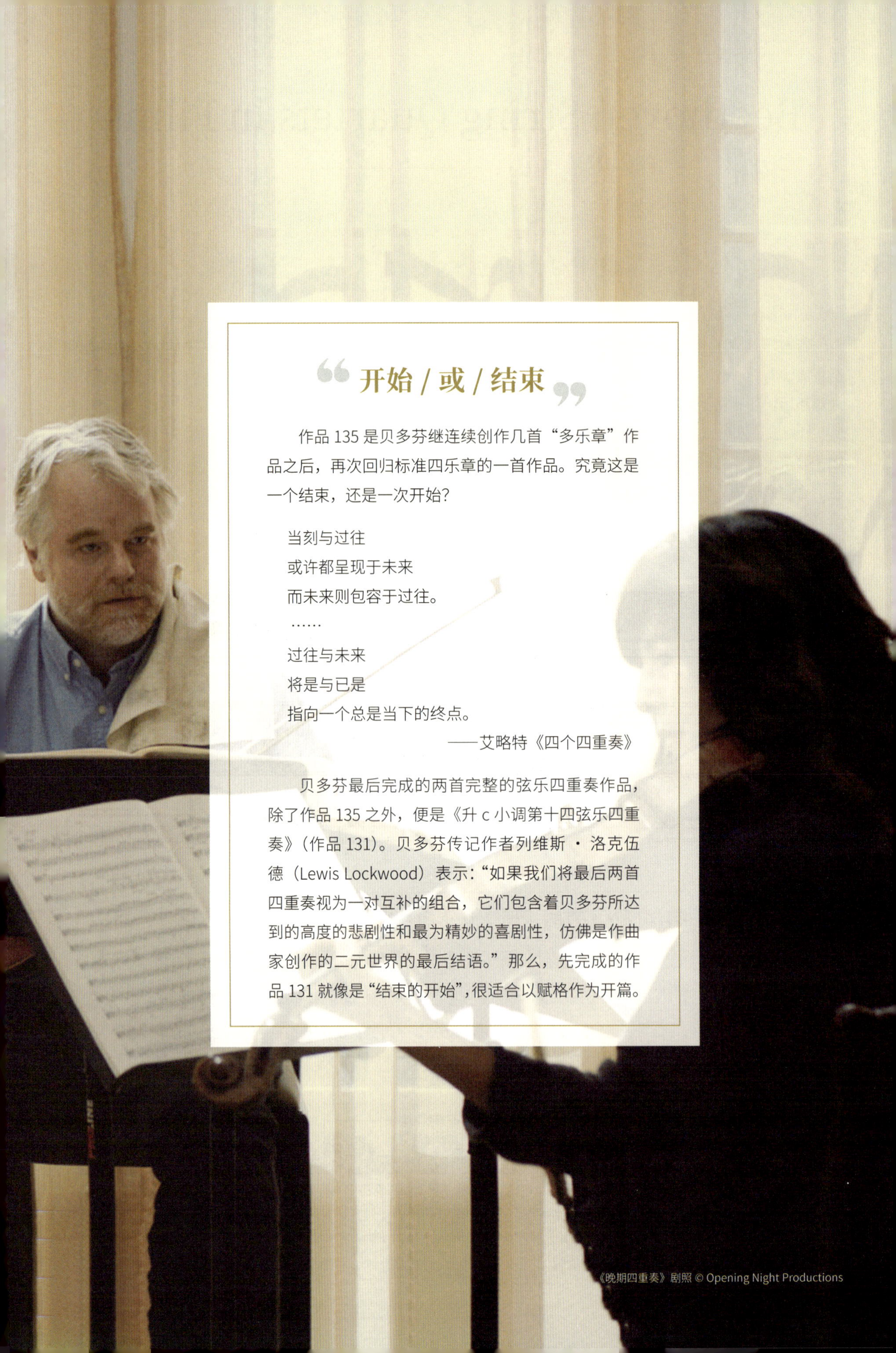
《晚期四重奏》剧照 © Opening Night Productions

“开始 / 或 / 结束”

作品 135 是贝多芬继连续创作几首“多乐章”作品之后，再次回归标准四乐章的一首作品。究竟这是一个结束，还是一次开始？

当刻与过往
或许都呈现于未来
而未来则包容于过往。
……
过往与未来
将是与已是
指向一个总是当下的终点。

——艾略特《四个四重奏》

贝多芬最后完成的两首完整的弦乐四重奏作品，除了作品 135 之外，便是《升 c 小调第十四弦乐四重奏》（作品 131）。贝多芬传记作者列维斯 · 洛克伍德（Lewis Lockwood）表示：“如果我们将最后两首四重奏视为一对互补的组合，它们包含着贝多芬所达到的高度的悲剧性和最为精妙的喜剧性，仿佛是作曲家创作的二元世界的最后结语。”那么，先完成的作品 131 就像是“结束的开始”，很适合以赋格作为开篇。

作品 131

电影《晚期四重奏》（2012）便着眼于此。影片以作品 131 为主轴，描述名为"赋格"的四重奏乐团在面临巨变——大提琴手彼得因罹患帕金森综合征而影响了这个已有 25 年历史的乐团之存亡——之后，上演了一场"肥皂剧"。

众所皆知，作为一首拥有七个乐章，但乐章与乐章之间没有间歇、一气呵成的乐曲，作品 131 的"一旦开始就不能中途停下"的特征贴切地隐喻乐团，但，就像贝多芬临终前讲的"喜剧……结束了"，《晚期四重奏》也竭力制造充满矛盾的都会喜剧：第二小提琴手罗伯特不但想与第一小提琴手丹尼尔交换席位，且还曾因为失意而与一位好友发生了一夜情；中提琴手茱丽叶不仅是丹尼尔的初恋情人，还是罗伯特的妻子，交换席位问题让她左右为难；正在这个节骨眼上，身为罗伯特女儿亚历珊德拉的提琴教师的丹尼尔，竟跟亚历珊德拉相恋了。

人物情感设定其来有自，编导借亚历珊德拉之口，解释四重奏乐团成员的功能：第一小提琴手精准的演出对听众进行催眠；第二小提琴手增添音乐的色彩、质感与节奏，烘托第一小提琴手；中提琴手拓宽音域，使听众潸然泪下；心胸宽广的大提琴手守护音乐之门，使乐队完美组合在一起。所以，茱丽叶钟爱罗伯特，与彼得搭档，并欲求丹尼尔。

影片的情节设计似也内化作品 131 的七乐章的布局："柔板"开启影片的基本设定（罗伯特想换席位）；"快板"加速影片冲突的萌发（彼得得知患病）；"中庸的快板"再次突出冲突（彼得计划引退，而罗伯特再次提出换席位）；"行板"及其庞大的变奏处理埋藏在几个人物的情感纠结中；"急板"铺陈冲突高潮的气氛；

No arrangement is more beautiful...
or more complicated.

Academy Award® Winner
Philip Seymour Hoffman
Academy Award® Nominee
Catherine Keener
Academy Award® Winner
Christopher Walken

A Late Quartet

《晚期四重奏》海报 © Entertainment One/RKO Pictures

简短的"柔板"带出转机的间歇（彼得请茱丽叶协调，并团结起其他成员）；最后的"快板"则延宕到影片末。最后，彼得退场，换新成员上场，演奏了 55 个小节之后，转为片尾工作人员名单的背景音乐。

影片的开始即是影片的结尾，一如电影《复制贝多芬》（2006）中贝多芬向抄谱员安娜对这首作品所做的解说："它没有结束，如行云流水，别去思考开始与结束……它是活生生的，像变化的云，波动的浪……它不成调，它在增长，第一乐章变成第二乐章，一个意念消失，新的就产生。"据说这首作品是贝多芬自认为最伟大的作品，舒伯特临终前请人为他演奏贝多芬的这首作品！

" 早期 / 四重奏 "

当然，使用贝多芬作品入画的影片数不胜数，光从互联网电影资料库（IMDb）中随便一查就有上千部，这还不说那些没有习惯将曲目放到片尾名单的早期影片（比如《贝多芬传》）。本文仅聚焦弦乐四重奏：一来，篇幅有限；二来，作曲家迟至 31 岁才发表第一批弦乐四重奏作品，并附带表示"直到现在，我才明白如何恰如其分地谱写四重奏"，可见他对于创作这个形式作品的小心谨慎；三来，观察弦乐四重奏在电影音乐中的使用情况，基本可涵盖古典音乐在电影中使用的基本情况——渲染气氛（音乐情绪或者唱词应景）、故事性（乐曲发生语境）、意义（乐曲标题）。唯，对应可以是正向（和声）的，也可以是负向（对位）的。

电影《龙虾》（2015）大量使用《F 大调第一弦乐四重奏》（作品 18 之 1）第二乐章中的音乐片段。以九个断奏记号开始的"慢板"，适合这部忧伤的狂想影片的基调：影片设定在一栋旅馆内，孤独的人寻找伴侣，如果期限内（45 天）没有完成任务，他们就得变成一种动物。影片开场，男主角动身前往这座"单身旅馆"时，乐曲响起，画面调性与动态匹配乐曲缓慢与沉重的情绪。影片起码有十处都用上了这首乐曲，几乎每到一个新的节点就会使用。选用贝多芬创作的第一弦乐四重奏作品，或许强调"开端"意象，只是

不知道导演是否知道贝多芬创作的第一首弦乐四重奏是《c 小调第四弦乐四重奏》（作品 18 之 4）。

当然，也有对四重奏作品使用比较简单的例子：《龙虎铁金刚》（1972）中，在杀手两次精心策划他的杀人计划时，分别使用了贝多芬的《降 B 大调第六弦乐四重奏》（作品 18 之 6）的第二乐章，以及《降 B 大调弦乐四重奏"大赋格"》（作品 133）作为配乐。音乐像是一种装饰，衬托杀手的冷静。《盗钥匙的方法》（2012）中的杀手也以冷静、熟虑著称。只是万万没想到，他会在公共澡堂，因一块肥皂摔跤后失忆，直到再次在准女友家听到贝多芬的《升 c 小调第十四弦乐四重奏》（作品 131）第一乐章时，才唤起他的记忆。

贝多芬成了品位的象征。就像《甜姐儿》（1957）中的摄影师为了让模特儿表现深沉的表情，在摄影棚播放作品 131 的第四乐章。《巴尔扎克与小裁缝》（2002）中下乡的小提琴家，心心念念他最爱的莫扎特与贝多芬，但全片仅在他回城 15 年后，已来到巴黎生活并组建自己的四重奏乐团时，才播放了一段作品 131 的第七乐章。激昂的快板像是加快了人物的生命历程，也象征他对这段回忆的丰沛情感。

贝多芬《降 B 大调第六弦乐四重奏》第四乐章标注了"忧伤"的题头。当这段音乐出现在电影《贝多芬传》（1936）中时，用以表达贝多芬对片中安排给他的"不朽爱人"茱丽叶之思念［编注：根据所罗门 1977 年出版的《贝多芬传》中的内容，现多认为贝多芬的"不朽爱人"为安东妮·布伦塔诺（Antonie Brentano）］。这个乐章也在《复制贝多芬》中出现，那是在抄谱员安娜（也是他晚年创作的"缪斯"）为贝多芬擦澡时，他向她讲述他是如何透过聆听内心的声音，以达到超越自身，达到至高的境界。音乐以十分微弱的方式衬在背景中。这里的选曲无疑任性。

《龙虾》剧照 © Screen Ireland

" 中期 / 四重奏 "

在电影《木星之卫》（2017，主角无意间发现自己有漂浮的能力）中，使用《第九弦乐四重奏"拉祖莫夫斯基"》（作品 59 之 3）第二乐章，成为片中富人身份的陪衬。

这首作品是时隔五年后，贝多芬回归弦乐四重奏，写出的三首《"拉祖莫夫斯基"弦乐四重奏》之一。这套作品让当时的人们难以理解，尤其是前两首——"通过精良的创作技术体现出深刻的思想，却使得大众不易理解，只有 C 大调的第三首算是唯一的例外"，贝多芬解释"是为今后的时代（而创作）"。

无怪乎，不论是《复制贝多芬》，还是电影大师让－吕克·戈达尔（Jean-Luc Godard）在《已婚女人》（1964）中使用作品 59 之 3 的第二乐章，都显得有些粗枝大叶。

不过戈达尔在他另类的电影《芳名卡门》（1983）中大量使用贝多芬弦乐四重奏时，则已有相当细腻的手法。比如，在银行抢劫案的段落中使用《降 E 大调第十弦乐四重奏》（作品 74）第一乐章：男主角约瑟夫是银行的保安，为了阻止抢匪抢劫银行而与他们展开了一场激烈的枪战。就在银行抢劫案进行的过程中，穿插四重奏乐队的排练画面。乐手正在排练作品 74 第 78－119 小节，画面是第一小提琴手纠正第二小提琴手渐弱的速度太快。熟悉这首作品的观众会期待从第 210 小节开始的渐强，尤其是从第 232 小节开始的，由第二小提琴与中提琴展开的一段优美的卡农。对这个乐段，历史上有许多评价：含蓄点说是"形成贝多芬弦乐四重奏中最为长大而雕琢的华彩段"，浮夸点说是"形成具有交响曲般力量的高潮，这是弦乐四重奏中所能想象的最优美的曲子，并且是最纯洁的室内乐风格"。戈达尔选择让约瑟夫与女主角卡门（也是抢匪的一员）在回旋梯邂逅。阶梯的层层叠叠似乎与乐句中奔放的第一小提琴旋律搭配，而回旋梯扶手的弧形与楼梯的拱形则匹配了卡农的音响效果。两个人的对峙持续到乐章结束。随后，当这两位不打不相识的男女拥抱在一起时，正好是慢板乐章的开始。戈达尔不仅利用了乐曲本身的情绪（排练画面）加强抢劫案的激烈性，也利用乐句触动的视觉联想（卡农段落）来构思画面，同时也善用乐曲的结构（两乐章交界）配合情节的推展。

《伊斯梅尔的幽魂》海报

" 晚期 / 四重奏 "

时隔 14 年，在贝多芬创作完常被认为是一首"过渡"作品的《f 小调第十一弦乐四重奏》（作品 95，于1810 年完成，直到 1816 年才出版）之后，贝多芬才又回到弦乐四重奏领域的创作。直到生命终结，他几乎一直专注这个形式的研发，他的耳疾也许恰恰给了他想象空间，让他创造出一首首超越时代的伟大作品。贝多芬晚期的这几首弦乐四重奏一般可以被分成两个部分：献给加利钦公爵的三首（作品 127、132、130，外加备受批评的从作品 130 独立出来的作品 133），以及前面提过的两首（作品 131 和 135）。有趣的是，要是按作品 127（四个乐章）、132（五个乐章）、130（六个乐章）、131（七个乐章）这样的完成顺序来看，贝多芬像是有系统地给每一首作品增加一个乐章。

也许，多乐章形式是一种偶然：在创作作品 132 的过程中，贝多芬一度因腹痛折腾了一段时间。就在痊愈之后，他写下了庞大的第三乐章，并在乐谱开头处写下"一位康复者的感恩圣歌"字样。或许作曲家认为这是一首受到上帝启示的作品，索性扩充正在写的作品的体量。

因此，多数使用作品 132 第三乐章的影片，都顾及这个典故。在《伊斯梅尔的幽魂》（2017）中，人间蒸发 21 年的妻子突然回到伊斯梅尔身边。对已经接受妻子的消失，甚至在心中当作她已死的伊斯梅尔，无法承受她的回归，她因此成为片名所指的幽魂。就在妻子回来的那天，在她入浴前，乐曲响起，配合疏于打理的海边小屋那斑驳的镜子，镜中的她很难说清是人是鬼，但终究是一次"复活"。

在必然失真的前提下，重点就在于观察导演如何使用这些作品。就像《不朽真情》(1994) 中，当《第九交响曲"合唱"》首演时，导演穿插了贝多芬幼时受父亲家暴的情景：贝多芬在一次父亲买醉的空档中，爬出窗户，往树林里奔去。来到一个湖边，他纵身一跃，跳到水里。镜头慢慢往上拉，他逐渐变小的身影与湖面映照的群星相融，化成繁星中的一颗。似乎唯有这样的抽象影像，才能谦逊地跟在伟大乐曲的脚步之后，或起码安静地随侧一旁。又或者像是《复制贝多芬》的开场：贝多芬生命终了之时，驱车赶来的安娜，从马车上看向路上的众生百态，慢慢能听到、感受到她之前无法理解的《大赋格》——牧人、马蹄、枯树、河流、亲子、幼童、草原、犁田、白发、稻草、恋人、老妇、农人、浓烟、被风吹走的帽子……音乐串联了它们，又或者是它们给予了音乐养分。

用"生命力"来概括贝多芬的弦乐四重奏，或许不会有太大的偏差。作品 135 的终曲从那么沉重的低音开始，最后竟以如此轻快、活泼，甚至带点俏皮的曲调收尾，由此足见贝多芬温润的内心。

只是，电影终究是一门讲究收益的工业艺术，追寻贝多芬"不朽爱人"这一主题自然有卖点：极端地偏向女性主义而完全剥夺贝多芬的恋爱方面（《复制贝多芬》），或者让贝多芬只能在创作与爱情之间抉择（《贝多芬传》），或者为了强调他伟大的人格而不惜分派厄运给辜负他的女性，甚至设计出让贝多芬又爱又累的侄子卡尔根本就是他的私生子（《不朽真情》）……真正的赢家，仍是使用贝多芬作品的这些影片——音乐保证了影片根本的品质。

伟大的作品自带传奇，电影不过是锦上添花，为传奇再添神秘色彩，并加速传奇的传播而已。只是既然电影已有十足能力驾驭其他艺术形式，观众也幸得诸多影片偶尔带来的绝美片刻。

《贝多芬传》海报 © Éclair-Journal/Général Productions

贝多芬纪念哪家强？

文 / 门楠

在现代生活中，总会有与出生于 250 年前的贝多芬不期而遇的时刻。他的音乐见证了人类记录音乐技术手段的发展。如今，科技又赋予了贝多芬音乐更多的展现形式，以此激荡出更多元的跨媒介艺术表现方式。贝多芬对人类生活的影响是全方位的，作曲家诞辰 250 周年的花样纪念方式也层出不穷。下面来看几个好玩的例子。

01 贝多芬邮票 ▶

为纪念贝多芬诞辰 250 周年，德国邮政集团于 2020 年 1 月 2 日发行了一枚面值 80 分的特别版邮票。该邮票发行量达 6.26 亿枚，是德国邮政集团历史上单枚邮票的最高发行纪录。邮票上印有贝多芬最著名的肖像画的简化版本、高音谱号和银色的手写签名 "BTHVN"（贝多芬经常使用这一缩写作为信件的落款）。

© Thomas Steinacker, Deutsche Post

◀ 02 贝多芬音乐马拉松

2019 年 12 月 21 日，在波恩及其周边地区举办了 "贝多芬音乐马拉松" 活动。参与者仅凭一张票就可以看到在 12 小时内，由 60 个合奏团和艺术家团体在 30 个场馆内举行的 90 场丰富多彩的表演，其中包括贝多芬的管弦乐作品、戏剧、舞蹈、视频装置等。

03 贝多芬灯光艺术装置

2019 年 12 月 14 — 22 日，波恩的各大公共场所被梦幻的灯光艺术装置照亮，艺术家们围绕 "B-T-H-V-N" 这五个关键主题创造出引人入胜的图像。为人类带来光明的普罗米修斯是贝多芬崇拜的对象，这也是此次灯光艺术装置背后的灵感，以表现贝多芬的音乐照亮了人类在黑暗中前行的道路。就某种程度而言，贝多芬也是一位 "普罗米修斯"。

© 1zwo3

04 "我们的贝多芬"艺术装置 ▶

2019年5月17日至6月2日，在德国波恩的贝多芬纪念碑脚下，露天展示了750座1米高的贝多芬雕塑。不同于人们经常看到的贝多芬那一筹莫展的深邃面孔，这些雕塑笑容可掬。项目发起人、艺术家奥特马尔·赫勒尔（Ottmar Hörl）表示，此举是希望人们能形成对贝多芬新的认识，从而转变对这位"乐圣"原有的固化印象。

© Rainer Henkel

05 贝多芬音乐野餐节

沿着贝多芬生活过的足迹，莱茵－弗雷菲尔旅游公司组织了在六个城堡中的六场野餐活动。贝多芬幼时曾在这些社区中举办过管风琴和钢琴音乐会。组织者希望借此举能让参与者在充满历史和音乐氛围的环境中，与全家人度过悠闲的下午。目前，活动已推迟到2021年举办。

© DHL

◀ 06 "贝多芬巡游"展览

为庆祝贝多芬诞辰250周年暨DHL成立50周年，德国邮政集团敦豪航空货运公司（DHL）组织了为期两年的"贝多芬巡游"展览。展览于2019年在德国莱比锡拉开帷幕，之后在美国、英国、波兰巡展，最后在德国波恩画上句号。此次展览展出的珍贵藏品包括贝多芬用过的助听器，以及安迪·沃霍尔（Andy Warhol）于1987年创作的贝多芬系列作品的原始版画。展览还通过多媒体技术将贝多芬创作《迪阿贝利变奏曲》的过程动画化，让参观者更直观地了解贝多芬及其创作过程。

07 贝多芬马赛克纪念墙 ▶

"贝多芬马赛克纪念墙"项目向全世界的乐迷征集个人照片。这些照片都将成为贝多芬画像的一部分。照片通过网络上传，随时更新。发起者希望通过这种方式来表达人们对贝多芬的热爱与崇敬。

08 "贝多芬之外"音乐会

2020 年 1 月 31 日，美国交响乐团在卡内基音乐厅举办了一场名为"贝多芬之外"（Beyond Beethoven）的音乐会。演出曲目包括贝多芬的同时代人——路易斯·施波尔（Louis Sphor）的《第六交响曲"历史"》（该曲在前三乐章中分别对巴赫、亨德尔、海顿、莫扎特及贝多芬致敬，第四乐章则采用当时的"当代"风格创作）、20 世纪俄国作曲家伽利娜·乌斯特沃斯卡娅（Galina Ustvolskaya）的《钢琴协奏曲》（作品有着贝多芬式的宏伟气势）、李斯特的《依贝多芬＜雅典的废墟＞主题而作的幻想曲》和马克斯·雷格（Max Reger）的《贝多芬主题变奏曲与赋格》。

09 萨洛宁和爱乐乐团重现"1808"音乐会

1808 年 12 月 22 日，贝多芬在维也纳河畔剧院举办了一场不受欢迎却影响深远的音乐会。不受欢迎是因为音乐会长达四个小时，且剧院内暖气供应不足。然而，它的影响深远，只需看看曲目便知：按照顺序，当天上演了《第六交响曲"田园"》、女高音咏叹调《啊！负心人》、C 大调弥撒《荣耀经》、《第四钢琴协奏曲》、《第五交响曲"命运"》、C 大调弥撒《圣哉经》、临时钢琴即兴演奏与《合唱幻想曲》。2020 年 3 月 15 日，埃萨－佩卡·萨洛宁（Esa-Pekka Salonen）指挥爱乐乐团在伦敦南岸中心重现这一音乐会。

10 首张 33 又 $\frac{1}{3}$ 转的 12 英寸黑胶唱片 ▶

1931 年 9 月 26 日，美国广播唱片公司（RCA）公开展示了第一张 33 又 $\frac{1}{3}$ 转的 12 英寸黑胶唱片。唱片录制的是利奥波德·斯托科夫斯基（Leopold Stokowski）指挥费城管弦乐团演奏的贝多芬《第五交响曲"命运"》。这也是首张完整记录了一部长达半小时音乐作品的黑胶唱片。

11 CD 标准时长与《第九交响曲"合唱"》

一张 CD 的标准时长是 74 分钟，正好是贝多芬《第九交响曲"合唱"》的演奏时长。据称，索尼公司在制定音乐 CD 规格时，当时的总裁大贺典雄为了避免中间换碟影响欣赏兴致的情况，坚持一张音乐 CD 一定要能"装"得下一部完整的"贝九"。选择"贝九"作为计量单位的另一个原因是，在古典音乐中，很少有时长能超越它的单部作品了。

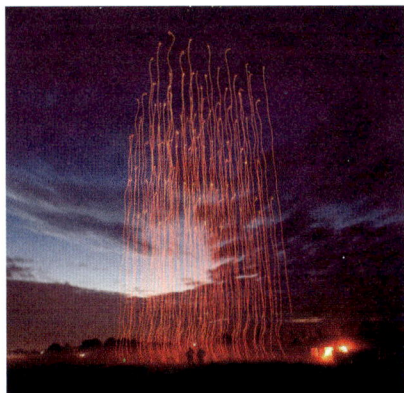

12 百架无人机伴着"贝五"飞翔 ▶

2015 年 11 月 4 日，英特尔公司在德国的托尔内施表演了一场壮观的"无人机秀"。由 100 架无人机组成的编队在贝多芬《第五交响曲"命运"》的音乐声中表演夜间飞行，并根据音乐的律动变换颜色与队形，模拟出烟花绽放的梦幻效果，展现了艺术与科技协作的辉煌。之后，这个节目还在美国拉斯维加斯和澳大利亚悉尼等地表演。

© Intel Corporation

© Camper & Nicholsons

◀ 13 网坛名将纳达尔游艇——"贝多芬"号

网坛名将拉斐尔·纳达尔（Rafael Nadal）在 2016 年购入了一艘豪华游艇。出于对古典音乐的热爱，他将这艘游艇命名为"贝多芬"号。这艘游艇由法国博纳多公司打造，全长 23 米，共有 4 间舱室，每间舱室都设有独立卫生间，可容纳 8 人。尽管纳达尔在 2019 年出售了"贝多芬"号，但他在这三年中多次携家人、挚友乘"贝多芬"号出游西班牙的马略卡岛。纳达尔本人也曾表示，"贝多芬"号是他在繁忙行程中得以放松的关键。

14 用人工智能技术续写贝多芬未完成作品——《第十交响曲》

2019 年 12 月，一个由音乐家和程序员组成的研究小组用人工智能（AI）技术续写了贝多芬未完成作品——《第十交响曲》。为完成此项目，研究小组借助贝多芬的作品片段来不断训练算法，然后在人工智能完成的基础上再进行人工调整，使其更接近贝多芬作品的风格。此作品预定于 2020 年 4 月 28 日首演，因新冠肺炎疫情而推迟。

BEETHOVEN TODAY

谁可以是当代贝多芬?

吴淑婷

室内乐演奏家，上海音乐学院副教授，上海音乐学院国际室内乐中心副主任，上海音乐学院附中室内乐学科副科长

贝多芬就是贝多芬，他的音乐语言和他的国家、民族、时代息息相关。当代作曲家可以学习他，而且要好好认真地学习，但无须"成为"他。当代作曲家应该找到自己独特的音乐语言。

David Bowie

Karlheinz Brandenburg © Ines Axthelm

马尔特·波尔克
Malte Boecker

波恩"贝多芬之家"总监

今天的贝多芬会是一个可以撼动音乐及其核心内涵的个体。我会想到大卫·鲍伊，他将音乐革新为流行音乐；或者发电站乐队，他们发明了电子流行乐；或者卡尔汉茨·勃兰登堡，他发明了 MP3 格式，重塑了整个音乐产业。但我不完全有资格去提名，要指出一个可以和贝多芬——他可是历史上最有影响力的百人之一——相当的人，是也将一直是一个挑战。

猫总

乐评人

贝多芬的历史责任感和刚柔兼济的巨型音乐风格，在当今已缺乏传承。我只能推荐具有类似巨型音乐风格的在世作曲家，如拉脱维亚作曲家彼得里斯·瓦斯克斯（Pēteris Vasks）、德国作曲家沃尔夫冈·里姆（Wolfgang Rihm）。他们很难说配得上"当代贝多芬"称号。不过，谁又能堪称具有划时代的影响力呢？实在是"压力山大"。

一航

短片导演，摄影师，还能弹出半首贝多芬奏鸣曲……

没有！

詹湛（nolix）

原职童书与文化类稿件翻译、编辑，时而从事音乐类评论写作

在我的感觉里，从巴托克，到施尼特凯与利盖蒂，都继承了一定"成分"的贝多芬，不过只能在个别体裁上让人强烈联想到贝多芬。不过，我希望推荐一个名字——鲍里斯·伊万诺维奇·季先科（Boris Ivanovich Tishchenko），他是伽利娜·乌丝特沃斯卡娅（Galina Ustvolskaya）的学生。他的乐队作品在结构上是传统和笃定的，但紧绷着的张力和开阔却是当代罕见的。不过，如今几乎无人介绍他的作品，很可惜。自然，应该不是在说需要"写得接近贝多芬"，才能叫作当代的贝多芬吧，嘿嘿！可惜他 2010 年去世了。在世的……想不出……

Pēteris Vasks © Hokit

Kraftwerk © Raph_PH

维托

初级古典音乐爱好者

贝多芬是神，以神的名字冠人，是亵渎。

伯樵

电影从业者，撰稿人，译者

称任何在世作曲家（或者已故去）为"当代贝多芬"，是对贝多芬的侮辱，也是对这位作曲家的侮辱。

张楠

青年学者，游者

这真是一个让人发难，稍不小心就会陷入尴尬的问题啊……我想目前，我真的无法给出一个明确答案。即便是贝多芬，"伟大"这一桂冠也非一日之得。不可否认的是，在作曲家生活的年代，贝多芬一定是有天赋的、优秀的、夺目的，但若直接给其扣上"伟大"的名号，我想这有点为时过早……在我看来，贝多芬的伟大生发于我们一次又一次地在后世作曲家作品中听到贝多芬音乐的影子，成长于我们一次又一次地在各种泛黄的文献中找到"xxx 曾受到贝多芬影响"的字眼，唯有历经时间的过滤与沉淀，才能蜕变出伟大。因此，这样看来，历史本身就是一种筛选与回答，那么索性，就让我把这个为难的命题甩给时间，交由历史来最终定夺吧……

焉沁

退休音乐人，目前在研究自动乐器

贝多芬对后世的影响应该是整个音乐语言上的，而不是说影响了哪些个体。每个时代都有开创性的作曲家，但大多局限在他所处的时代范围内，或是由特定的流派继承，而贝多芬的影响却打破了古典和通俗的界限，已经融化在整个音乐的土壤里了吧。

埃曼纽尔·帕于德
Emmanuel Pahud

长笛独奏家，室内乐演奏家，柏林爱乐乐团长笛首席

贝多芬的时代发生了很多革命，而且有着对理想世界的憧憬，当今的时代不再给音乐家这个发展空间了。但有一点是毋庸置疑的，贝多芬依然是现代的（modern）。

Olivier Messiaen

肥内

贝多芬弦乐四重奏的"死忠"业余爱好者，电影文字修行者

呃……没有吧……现在还有多少"作曲家"在世？

Max Richter © Henry W. Laurisch

江峰

不太青年的青年导演，非常业余的业余乐迷

克日什托夫·潘德列茨基（Krzysztof Penderecki）也去世了，我觉得没有。

卢卡斯·赫费尔曼—科佩尔
Lukas Hövelmann-Köper

作曲家

再也不可能有 21 世纪的贝多芬那样的人物了。首先，当代古典音乐几乎已经完全失去了社会意义。如果要把像乔治·弗里德里希·哈斯（Georg Friedrich Haas）、赫尔穆特·拉赫曼（Helmut Lachenmann）或菲利普·马诺里这样的人说成是 21 世纪的贝多芬，那只能是指他们的音乐造诣。当然，这些作曲家对青年作曲家的影响很大，布列兹、梅西安、施托克豪森或泽纳基斯的作品对之后的作曲家产生了类似贝多芬的影响。像马克斯·里希特、约翰·威廉姆斯这样的作曲家，比哈斯或拉赫曼要成功得多，也更出名，但他们在音乐上的创新和愿意尝试的成分约等于零。

加布里埃尔·勒·玛戈杜赫
Gabriel Le Magadure

埃本四重奏中提琴手

我的第一反应来自流行音乐界——电台司令乐队（Radiohead）或者大举进攻乐队（Massive Attack）。他们的音乐在有几个世纪历史的古典音乐之后令我触动，甚至有着类似贝多芬的惊人结构，每张新唱片都带给我新的思考。如果在古典音乐界，那会是厄特沃什·彼得或者托马斯·阿德斯。阿沃·帕特的音乐对我来说很私人，他极简的和声构造让我聆听时可以抛弃自己作为人的身份状态。

赵毅敏

"古典纵横"创始人

本人孤陋寡闻。在贝多芬之后，在音乐界里，没再遇到永不放弃、从不取巧、技巧高超、追求卓越的作曲家了。所以，在我心目中不存在"当代的贝多芬"。

赋格

旅行者，写作者

每个时代都有巨星，贝多芬只有一个，而且寻找"贝多芬第二"蛮 19 世纪的。

吴仪曜

音乐学者

不好意思，没有！

Karlheinz Stockhausen © Kathinka Pasveer

BEETHOVEN, LIKE OR NOT?

喜欢贝多芬吗？
为什么？

赵毅敏

"古典纵横"创始人

我喜欢贝多芬，他是我最喜欢的作曲家。他永远都在创新，从不停息，直到生命最后一刻。他的创新从来不是颠覆性的，不会对前辈和传统完全否定，也从不在形式和手法上耍花招，而是在充分尊重前人和传统的基础上创新。他不满足于平凡，在每一部作品、每一个乐章，甚至每一个段落中都要有推陈出新之处，不断地，一点一点地尝试和探索，直至开创出全新的局面和天地。他创作的过程很艰苦，几乎没有一挥而就的篇章。他总是反复思考，反复修改，从不套用经验和以前用过的手段，如此才得出最终的，我们现在见到的成品。贝多芬不是天才：他的作品有一些很伟大，有一些也不那么优秀，这和莫扎特的作品一直保持在接近水准很不同。永不放弃，追求真正的卓越是贝多芬一直鼓舞和激励我的品质。

维托

初级古典音乐爱好者

不是喜欢，是敬爱，因为他可能是最伟大的入世者。

伯樵

电影从业者，撰稿人，译者

当然喜欢。对于任何一个乐迷而言，喜欢贝多芬不需要理由——就如同文学迷喜欢莎士比亚，艺术史迷喜欢卡拉瓦乔，篮球迷喜欢乔丹一样。

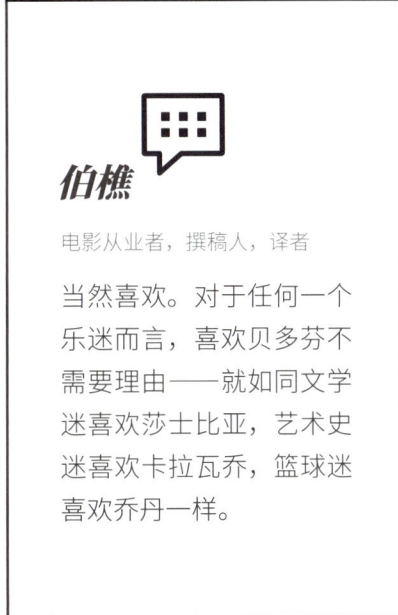

焉沁

退休音乐人，目前在研究自动乐器

喜欢，尤其是钢琴奏鸣曲。在小时候练过的所有古典奏鸣曲里，只有在弹贝多芬的奏鸣曲时，才会觉得键盘会发光，音乐会从极暗到极亮，情绪也随之澎湃或收缩。长大以后了解到，他那些宏伟、悲壮的乐思，是靠极为精致和清晰的手法酝酿出来的，就更加崇拜他了。

赋格

旅行者，写作者

贝多芬的作品是我听古典音乐的入门乐曲，后来很长一段时间内，以为自己不再喜欢他的音乐了，但又过了一段时间发现并不是这样的，特别是最近几年，越来越肯定的是我不会远离贝多芬了。最早听他的作品是在1984年，那时我还是个中学生，有天晚上向同学借来一盒叶夫根尼·穆拉文斯基（Yevgeny Mravinsky）指挥列宁格勒爱乐乐团演奏的《第五交响曲"命运"》的录音磁带。我关了灯，按下播放键，"短短短长"如"摩斯电码"般的音乐于无声处响起，像划破黑夜的闪电。我不知道为什么当时特意关了灯来听这盘磁带。那是我这辈子第一次听欧洲古典音乐，以前只听过流行歌曲。20世纪80年代是激动人心的时代，贝多芬那些"英雄主义"阶段的作品对我天然有吸引力，无论第三、五、六、七交响曲，还是"热情""华德斯坦"钢琴奏鸣曲，"克鲁采"小提琴奏鸣曲，第四、五钢琴协奏曲，小提琴协奏曲等，我都非常喜欢。这些作品里有很浓的悲剧精神，完美地跟我的80年代生活相契合。在整个90年代里，我很少听贝多芬，只偶尔听《致远方的爱人》《庄严弥撒》等少数几部作品。直到有一天在广播里听到他的《降B大调第十三弦乐四重奏》，如同发现新大陆般惊喜，立马买了套装CD，仔细地把贝多芬晚期四重奏听了一遍，竟再次迷上了他。经常听人说他晚期的作品很有"现代性"，真是这样——作品127之后的六首弦乐四重奏，以及作品101之后的五首钢琴奏鸣曲，强烈推荐没听过的人听一听。不过大概要人到中年才听得进去。这些作品简直如跳过20世纪，直接空降到21世纪的新音乐一样，说不定28世纪的人还会这么觉得。2017年，在韦尔比耶听到格里戈里·索科洛夫（Grigory Sokolov）弹奏的《c小调第三十二钢琴奏鸣曲》，以及2019年在布达佩斯听到的贝尔希亚四重奏的《a小调第十五弦乐四重奏》，是近年听到的特别棒的两场音乐会。

肥内

贝多芬弦乐四重奏的"死忠"业余爱好者，电影文字修行者

非常喜欢，贝多芬是我最喜欢的作曲家。笼统来说，觉得在他的作品中，我能找到最浪漫的乐章，也能找到最狂躁，甚至暴力的音节。也许因为他具有悲剧性但也非常独特的生命，经常让我遐想他脑里的音乐到底和实际写出来，被诠释出来的音乐相差多少。但总之，这位性格独特的人（正常人大概很难接受作为音乐家却罹患耳疾的遭遇）具有强烈的包容心，既不隐藏对前人成果的赞赏，同时自己又能有极大的发挥，最终，都成了他自己的风格。

吴淑婷

室内乐演奏家，上海音乐学院副教授，上海音乐学院国际室内乐中心副主任，上海音乐学院附中室内乐学科副科长

喜欢贝多芬，因为我是室内乐专业的老师。贝多芬是室内乐史上具有里程碑意义的作曲家，他的先进性影响了弦乐四重奏一个世纪之内的写作。

Beethoven

一航

短片导演，摄影师，
还能弹出半首贝多芬奏鸣曲……

由于个人原因和审美倾向，如今，贝多芬已不是自己最喜欢的音乐家了，但仍十分肯定他部分作品的艺术和人文价值。可能由于自身的原因和时代意识形态的转变，自己从喜欢贝多芬宏大叙事的交响曲转向了他的奏鸣曲，在奏鸣曲里找到了很多不同的兴趣点。听惯了莫扎特、巴赫或其他人的钢琴作品，如今反而觉得贝多芬的一些作品带给自己新的感受。例如，我对内田光子演奏的贝多芬奏鸣曲集，有一种很奇怪的偏爱，第一次听她演奏《A大调第二十八钢琴奏鸣曲》时，有点儿恍惚。那种体验很特别，仿佛都忘记了这是贝多芬的作品。后来就一直把它们留在随身听里，走哪儿听哪儿。对自己来说，听贝多芬是随着年纪成长而变化的，现在喜欢用一些细枝末节的非主流的方式去了解他。

猫总

乐评人

贝多芬可能是第一个如范仲淹所说的"先天下之忧而忧"，明显具有历史责任感的音乐家，这从他的《第三交响曲"英雄"》的创作背景中可以看出。因此，喜欢贝多芬音乐的人不一定都有历史责任感，但一定会被这种磅礴的精神所感染。此外，贝多芬的音乐听起来也足够动人肺腑，如著名的《F大调浪漫曲》。不喜欢贝多芬音乐的人（如德彪西）亦是因为对这种历史责任感式的解读过多，以及作品雄浑的力度带来的压迫感所致。我当然热爱贝多芬的音乐，会被他的《第九交响曲"合唱"》《小提琴协奏曲》《第五钢琴协奏曲》感动得热泪盈眶。根据各种传记记载，贝多芬脾气不好，恐怕难以喜欢贝多芬这个人。

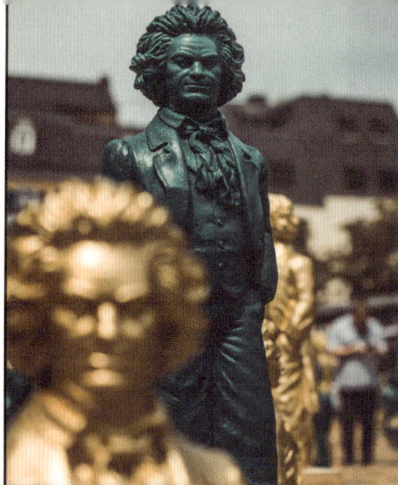

江峰

不太青年的青年导演，非常业余的业余乐迷

喜欢，因为他的音乐丰富、深刻、强烈、致命。

Beethoven

吴仪曜

音乐学者

不喜欢，因为从我记事起，每次弹贝多芬的乐曲，老师都说我弹得不好。我认为这是因为贝多芬的作品需要一种不同的弹奏技巧。很多人认为李斯特是第一个扩大钢琴音域和音响的作曲家，但我认为贝多芬才是。贝多芬的钢琴作品不像巴赫或莫扎特，几乎都拥有管弦乐的架构；强弱变化也比以往的其他作品要大得多。当然，这很大程度上是基于当时槌子键琴（Hammerklavier）使用得增多。贝多芬为李斯特或肖邦在钢琴作品上的辉煌书写开辟了道路。这同时要求钢琴家在音乐上也要转变自己的观点，去理解贝多芬钢琴奏鸣曲里的发展。

张楠

青年学者，游者

我非常喜欢贝多芬，无论是作曲家本人，抑或其音乐，都是我的私藏真爱。我想喜爱贝多芬并不仅因为他是无人不知的"乐圣"，相反最打动人心的不过是在那些最平凡、最琐碎、最糟糕的现实片段中，作曲家永不低头的坚毅人格。在他的生命长河中，既手握着人定胜天的决意信念，又企及了宛如星空一般的哲意之境。正是这些在繁杂与支离破碎的现实中生长出的不屈人格，使我热爱并敬仰。而他的音乐正是结于苦难之上的晶莹之花，在一次又一次的打击与挫折中腾飞，超越……贝多芬的音乐与他的生活有着高度的相关性，可以说他的音乐是对其生活的高度内化与自然袒露，作曲家将他的精神伟力封藏于他的作品之中，以供后人无尽享用。

埃曼纽尔·帕于德
Emmanuel Pahud

长笛独奏家，室内乐演奏家，柏林爱乐乐团长笛首席

在贝多芬年开始前，我就觉得，作为长笛乐手，我可以放一年假了。除了管弦乐作品，他大概就为长笛写了时长一小时的室内乐作品。对我来说，贝多芬的作品中，最有力的就是钢琴奏鸣曲、弦乐四重奏和交响曲。在柏林爱乐乐团，我很荣幸经历了阿巴多、西蒙·拉特和别特连科的时代。我们有新任首席指挥时，都会在其上任的第一乐季安排贝多芬交响曲的演出，通常是第七、九或五交响曲，就像宣言一样，向全世界宣告这就是我看待音乐的方式。

卢卡斯·赫费尔曼－科佩尔
Lukas Hövelmann-Köper

作曲家

我的钢琴老师曾经告诉我，海顿有三个儿子——莫扎特、贝多芬和舒伯特。但当贝多芬还是个孩子的时候，他就掉进了井里，从此一蹶不振。他的意思是说，贝多芬有时在古典作曲的最高度和最琐碎的地方来回徘徊。我想，可以把早期的莫扎特和晚期的莫扎特作一个类似的比较——莫扎特在晚期的时候，似乎已经失去了所有的实验性和年轻时的冲动。我想这也是格伦·古尔德认为他死得太晚而不是太早的原因。然而，就贝多芬而言，在他的整个创作生涯中，他的作品都在创新与守旧之间摇摆不定。然而，几乎所有的作曲家都会发现自己处于一种在对传统的维护、崇敬，以及被新的、尚未被探索的领域所吸引的冲突之中。这种冲突在勋伯格的作品中也特别明显。如果问题是我是否喜欢贝多芬，那么除了"是"当然没有其他答案了，但我有时希望用一种不一样的角度去聆听他的作品。从某种程度上说，他的音乐现在已经被撕成了碎片，以至于很多作品我们就算不曾听过也都已经听过了。例如，大家都知道《致爱丽丝》的主旋律，但很少有人完整聆听全曲；大家都知道《第五交响曲"命运"》的第一乐章，但很少有人知道其他三个乐章。

詹湛（*nolix*）

原职童书与文化类稿件翻译、编辑，时而从事音乐类评论写作

我喜欢，因为他不仅仅已是一个标志，而且还能让所有普通人在人生境遇里一遍遍地听，一遍遍地更加"听懂"。

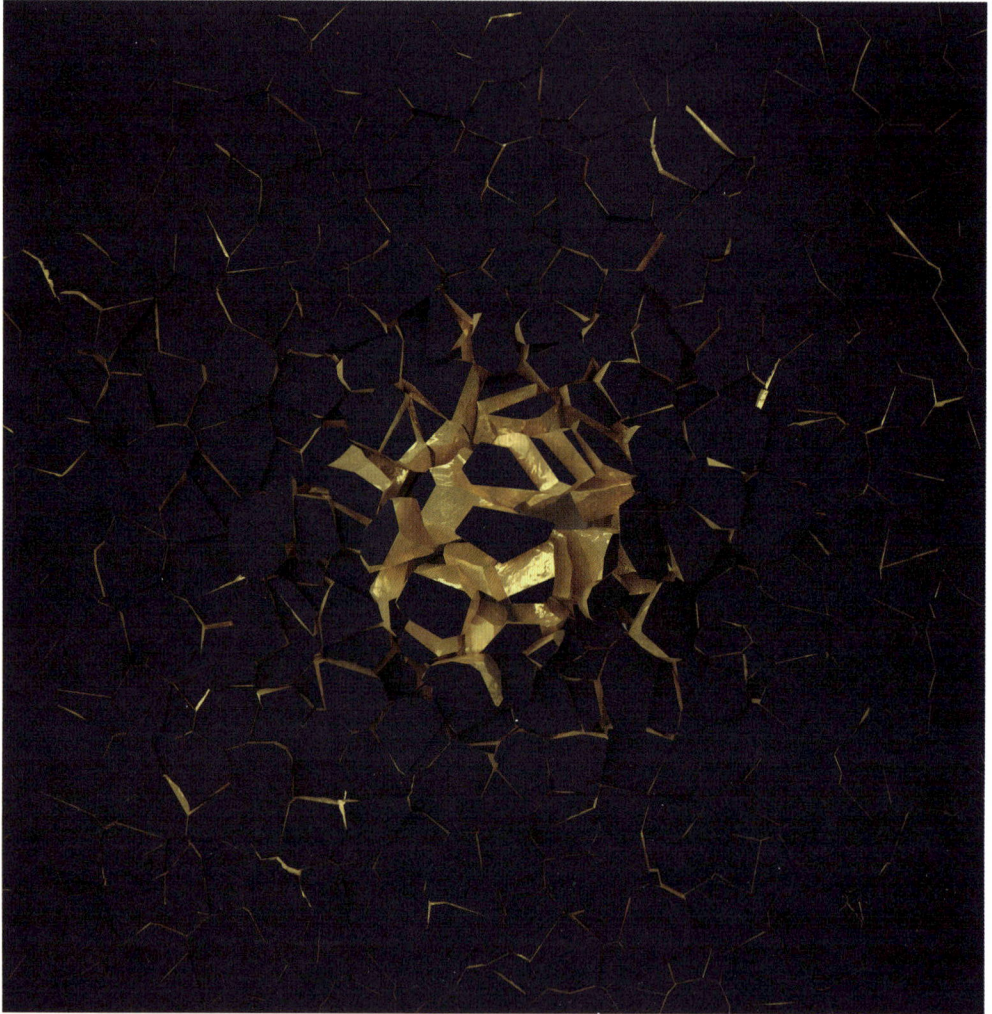

设计：赵晨